父母送给女孩的心理书

秀梅 编著

中国纺织出版社有限公司

内 容 提 要

本书从理想、勇气、自控、学识等方面深入探讨女孩的身心特点以及她们在成长过程中可能遇到的问题，从而提供行之有效的优秀女孩养成秘籍。这不仅是一本女孩成长手册，更是每一位女孩成长蜕变中不可多得的心灵宝典。

图书在版编目（CIP）数据

父母送给女孩的心理书 / 秀梅编著 . -- 北京：中国纺织出版社有限公司，2024.4
ISBN 978-7-5229-1456-5

Ⅰ. ①父… Ⅱ. ①秀… Ⅲ. ①女性—青春期—家庭教育 Ⅳ. ①G782

中国国家版本馆CIP数据核字（2024）第049269号

责任编辑：刘桐妍　　　责任校对：王蕙莹
责任印制：储志伟　　　责任设计：晏子茹

中国纺织出版社有限公司出版发行
地址：北京市朝阳区百子湾东里A407号楼　邮政编码：100124
销售电话：010—67004422　传真：010—87155801
http://www.c-textilep.com
中国纺织出版社天猫旗舰店
官方微博 http://weibo.com/2119887771
三河市延风印装有限公司印刷　各地新华书店经销
2024年4月第1版第1次印刷
开本：710×1000　1/16　印张：12
字数：126千字　定价：49.80元

凡购本书，如有缺页、倒页、脱页，由本社图书营销中心调换

前言

有人说:"培养出一个优秀的女孩,实际上就等于培养出了一个新的家庭,因为女人对一个家甚至整个世界都特别重要。"在孩子的心理成长路上,父母是不能缺席的,可以说,优秀女孩的养成与父母有密切的关系。

每一个平凡的女孩在发展的关键阶段,总想尝试改变自己,让自己变得更优秀,变得闪闪发光、与众不同,和过去那个平凡的自己说再见。青春期对于每个女孩来说,就像是人生的十字路口,她们面临人生的转折点。对此,女孩应该了解自己的生理和心理特点,正确认识和接纳自己的各种变化,顺利度过懵懂的青春期。

青春期是女孩从幼年到成年的过渡期,是塑造人格的关键期,是决定人生轨道的基础期。在这一时期,女孩内心尚不成熟,具有叛逆心理,容易受不良因素影响且容易情绪冲动,而且,女孩的独立意识和交友意识不断增强,人生观和价值观都处于萌芽期。对此,女孩需要有效建立正确的价值观和人生观,要坚持读书和运动,读书可以丰富自己的知识,运动可以让自己的身心保持健康。同时,女孩对人生要有一定的规划,这包括时间、交际、目标、金钱的规划等。当有一定的规划时,女孩才不会让自己的生活变得乱糟糟,规划好一切,女孩才会变得更加优秀,更加热爱生活。此外,女孩还要培养忧患意识,明白竞争和合作的重要性。

青春期的女孩正处于迷茫的时候,父母要给予正确的引导,不断完善其人格,同时教会女孩做人、做事的道理,这对于她们的成长将会起到积极的推动作用。青春期的女孩很容易受到外界的诱惑,所以女孩一定要有强大的定力,坚持自己的原则,切勿盲目从众,而做出一些错误的行为。青春期女孩的内心充满了不确定,会有许多不切实际的、梦幻的想法。在这一时期,女孩要把梦想当成自己的目标，并用实际行动来促进目标的实现，让青春的灵魂插上梦想的翅膀，努力拼搏，让人生更完整。

编著者

2023年8月

目录

第01章
和谐人际，结交益友是人生至关重要的事

你就是你，不必讨好谁 - 002
懂得吃亏，也是一种智慧 - 005
朋友相处，要懂得换位思考 - 008
真诚，是维持友谊的一座桥梁 - 011
请接纳并感谢你的对手 - 013
有一种修养，叫莫论他人是非 - 015
女孩，一定要交几个闺蜜挚友 - 017

第02章
接纳自己，爱自己是终身浪漫的开始

雀斑，有一种与众不同的美 - 020
做好头发护理，让你拥有飘逸秀发 - 023
坚持自我，不要在意别人怎么说 - 025
别担心，青春痘是青春的象征 - 027
合理膳食，让你的身体更健康 - 030
自信点儿，平胸女孩也可以很美 - 033
运动起来，帮你亮出优美身材 - 036

第03章
养成教育，品质优秀的女孩闪闪发光

责任重于泰山，让女孩更优秀 - 040
独立自强，不做弱女子 - 043
真诚，给予女孩内在力量与信心 - 046
坚持不懈，就能遇见更好的自己 - 048
专注力，是女孩最好的品质 - 051

善良，是孩子受益一生的优秀品质 - 054
诚实守信，让女孩更加自律 - 057

成长，是痛哭之后继续微笑前行 - 062
女孩到女人的蜕变就是青春 - 064
女孩，你就是独一无二的自己 - 067
女孩，请让自己变得坚强 - 069
管理好自己，是女孩顶级的自律 - 072
独自面对成长，是必需的生活态度 - 075
拥有充实的人生，实现自己的梦想 - 078
人生每个阶段都在刷新，而非复制 - 080

第04章
懵懂青春，不断自我
探索与成长

感恩，让生命之花常开不败 - 084
母爱是世间最伟大的力量 - 087
老师，为我们指引人生的方向 - 090
父亲是一座山，撑起一片天 - 093
兄弟姐妹，感谢世界上有你 - 096
女孩，请珍视同桌的情谊 - 098

第05章
珍视情谊，情感是人生
中的宝贵财富

女孩，学会保护自己的身体 - 102
青春的选择，异性交往要适当 - 104
异性之间的友谊，要小心翼翼守护 - 106
青春期女孩，切忌过早尝禁果 - 108

第06章
留足界限，青春女孩洁
身自好有分寸

目录

第07章

德才兼备，睿智的女孩腹有诗书气自华

随机应变，巧用幽默来解围 - 112

果断选择，不要犹豫 - 115

有效沟通，改变你的表达方式 - 117

当路不通时，要学会换条路走 - 120

独立思考，才能获得真知 - 123

改变思维，才能改变认知 - 126

思路决定出路，方法决定结果 - 128

第08章

与人为善，帮助别人就是帮助自己

懂得尊重别人，是最好的修养 - 132

懂得爱，学会热心帮助他人 - 135

互惠互利，才能相互成就 - 137

己所不欲，勿施于人 - 139

人心相通，你希望别人怎么待你 - 141

学会分享，才会更快乐 - 143

第09章

克服胆怯，追梦需要蜗牛般的坚持

学会拒绝，是爱自己的开始 - 146

女孩，请具备成为焦点的勇气 - 149

女孩，梦想会点亮你的人生 - 152

战胜困难，不断挑战自我 - 155

只有努力付出，才会有收获的希望 - 158

大胆女孩，请活出自己的精彩 - 159

第10章

积极心态，喜欢笑的女孩运气不会差

活出格局，别做爱计较的女孩 - 164

吹毛求疵的女孩不招人喜欢 - 167

做一个面带微笑的女孩 - 169

003

宽容，让女孩告别"小心眼儿" － 172

落落大方，不做羞涩女孩 － 175

女孩，请远离嫉妒的深渊 － 177

拒绝攀比，别做爱慕虚荣的女孩 － 180

参考文献 － 183

第01章

和谐人际，结交益友是人生至关重要的事

　　人和人之间的相处是一门很高深的学问，绝非我们想象的那么简单。很多人之所以觉得人际关系很简单，往往是因为他们涉世未深。实际上，人是很复杂的，与人相关的工作也是难度很大的。社会交往涉及方方面面，一旦处理不好，就会引发连锁反应。我们必须用心对待身边的人，经营好人际关系，人生的诸多事情才会更加顺遂。

你就是你，不必讨好谁

生活中，有些人就像刺猬，总是炸开浑身的刺，从不给别人好脸色，更不会好好说话。也有些人恰恰相反，恨不得成为所有人心目中的好好先生，得到所有人的认可和赞赏。其实，我们既无须当刺猬，也无须当好好先生，真正需要做的就是做好自己。在这个世界上，每个人都是一个独特的个体，谁也无法取代和模仿。我们之所以与众不同，就是因为我们是自己，而不是其他任何人。

有些人非常胆小怕事，就像是契诃夫笔下的套中人，从不敢表现出自己的本性，只是一味地压抑自己、逢迎别人。试想，如果你一生都在讨好别人，害怕别人的非议和指责，因而始终不敢做最真实的自己，那么你的人生还有什么意义呢？不能按照自己的意志生活，生命就会变得暗淡。人生非常短暂，任何人都没有机会重新来过。想到这里，你还甘愿失去自我地活着吗？我们可以逢迎一时，却逢迎不了一世；我们可以逢迎一两个人，却无法逢迎所有人。一个人即使再完美，也终究会有人看不惯他，不喜欢他。就像那些大明星，有人觉得他们英俊帅气，有人却完全不喜欢他们那种类型的，而只喜欢其他类型的。归根结底，我们只能成为自己。

从前，有一对父子俩要去赶集，把家里唯一的驴卖掉。他们赶着驴出门了，路过一个村庄时，人们指着他们说："看看，这两个人可真傻，明明有驴却不骑。"听到这话，父亲骑到驴背上，儿子牵着驴走。走了没多久，他们又来到一个村庄。在树下乘凉的人们看到他们，气愤地说："天底下竟然有这样的父亲，自己骑着驴一点儿都不累，却让孩子跟着走。这肯定是后爹吧，要不怎么这么狠心呢！"听到人们的话，父亲面红耳赤地从驴背上跳了下来，让儿子骑在驴背上。

他们走呀走呀，又来到一个村庄。很多老人在大街上站着呢，看到这父子俩，他们愤愤不平地说："现在的孩子可真不孝，父亲都那么大年纪了，却让父亲走路。自己年纪轻轻，身强体壮的，却骑在驴背上。"刚好，这话又被父亲听见了。他思来想去，决定和儿子一起骑到驴背上，这样人们就没什么好说的了。走到村头，看到没人的时候，父亲也骑到驴背上。小毛驴驮着父子二人，累得呼哧呼哧的，直喘粗气。走了没多远，就遇到了一个老爷爷。老爷爷看着这父子二人，气愤地骂道："看看你们两个人，身强体壮的，居然不会走路。这头小毛驴还这么小，你们一点儿都不知道爱惜牲畜，居然让它驮着两个人，真是造孽呀，小毛驴早晚被你们累死。"父亲被老人指着鼻子一骂，再看看毛驴，果然累得大汗淋漓。因此，他和儿子都从驴背上下来，又跟着毛驴一起走。走着走着，父亲转念一想：不对呀，我们最早的时候就是跟着毛驴走的，人们说我们傻。我们要是一直这么走下去，肯定还会被人说。他和儿子商量之后，决定抬着毛驴走，这样，人们总说不出什么来了吧！想到这里，父亲去找了一根小树干，又把毛驴的四蹄结实地捆起来，和儿子一前一后地抬着毛驴往集市上走去。

很快，他们就来到了集市的小桥上。桥头的人们看到他俩累得直喘粗气，抬着一头小毛驴不由得捧腹大笑。人们一边笑一边喊道："快来看呐，快来看呐，天底下最大的傻瓜们来啦！他们有驴不骑，居然抬着。"听到人们的笑声，父子俩慌了，摇摇晃晃，险些摔倒。小毛驴受到惊吓，也不顾一切地挣扎起来。"噗通"一声，父子俩抬着驴掉进了河里。

故事中的父子俩没有主见，别人说什么，他们马上就会改变心意和做法，一味地逢迎他人。他们先是牵着驴走，然后父亲骑驴，后来儿子骑驴，再后来父子俩一起骑驴，最终父子俩抬着驴掉进了水里。他们如果知道自己应该怎么做，并且坚定不移地按照自己的想法去做，最后也不会掉进河里了。

女孩们，虽然我们不用抬驴，但是道理却是一样的。每个人看待问题的立场和角度不同，这也就决定了他们对事情的看法和决定的主张不同。与其逢迎他人，我们不如认真想想自己要怎么做，然后坚持自己的做法。只有做自己，才不会人云亦云，不知所措。

懂得吃亏，也是一种智慧

生活中，很多人喜欢占便宜，似乎人的天性就是如此。尤其是当遇到天上掉馅饼的事情时，估计大多数人都会笑得合不拢嘴，根本不会想着这馅饼后面隐藏着什么陷阱。正因为这种心理，所以社会上的骗子才会那么多，并且还屡屡得逞。细心的人会发现，大多数上当受骗的人，都是想着不劳而获的人。当然，这个社会上也有极少数人抱着吃亏是福的想法，从来不愿占便宜，这种人往往对各种各样的骗术有着免疫力，即使再高明的骗术也无法使其上当受骗。

吃亏真的是福气吗？首先，我们必须弄明白，占便宜不是福气。天上不会无缘无故地掉馅饼，世界上也没有不劳而获的事情，所以，千万不要占无缘无故的便宜。中国自古崇尚礼尚往来，虽然相亲相近的人们之间你来我往，但是也做不到绝对的平等。对于心思正直的人来说，拿了自己不该拿的东西，占了自己不该占的便宜，即使背后没有陷阱和骗局，自己也会良心不安。吃亏则不同，吃亏是我们给别人便宜占，我们心里会很踏实，不担心有朝一日别人找上门来，闹得鸡飞狗跳。而且，吃亏的人心安理得，和占便宜的人良心不安相比，心安就是莫大的福气。再者，别人占了你的便宜，一定会在心里记得你的好处。即使现在没有机会报答你，日后一旦有机会，一定会回报给你。如此说来，吃亏落得好人缘，甚至会多个朋友多条路，又何尝不是一种福气呢！

父母送给女孩的心理书

案例一：

小小高中毕业后，开了一家服装店。有一天，服装店里的生意很清淡，小小百无聊赖地在看韩剧。突然，一个女孩走进来，挑来选去，选中了一件衣服。这件衣服售价200元，女孩讨价还价后，最终小小同意150元成交。女孩拿出钱包掏钱，翻来找去，只有80元。小小眼睛很亮，发现这个姑娘掏钱包的时候掉了一张百元大钞在地上。女孩说："老板，我就在不远处的凉皮店上班，我现在回去和同事借钱，马上给你送回来。咱们都是邻居，衣服我先拿走，好吧？"小小心想：即使你不回来，地上还有100元呢，我也不亏。因此，她很痛快地回答："没问题，我放心，你走吧！"

等到女孩走后，小小赶紧去捡地上的百元大钞。然而，她傻眼了，因为那张百元大钞是假的，小小这才知道自己上当受骗了。那件衣服进价就要100元，她还倒贴了20元呢！

案例二：

东汉时期，京城洛阳的太学里正在分发皇帝的赏赐。原来，皇帝顾念大学士们平日里很辛苦，所以赏赐给他们每人一只羊。这可把大家给难住了，因为这些羊高矮胖瘦都不一样，无法做到公平地分配。正当大家为如何分配议论纷纷的时候，一名姓甄的大学士说："我看不如每人自己挑选一只，我先来挑。"听到他的话，当即有人表示异议："要是你把最大的挑走怎么办？"姓甄的大学士一言不发，只是笑了笑。只见他走到羊群里，把最瘦小的那只羊牵了出来。看到他如此大度，其他人也都默不作声，每人牵了一只羊。就这样，原本无法平均分配的难题，被姓甄的大学士轻而易举地解决了，每个人都很高兴，和和气气的。从此之后，人们都尊敬地称呼姓甄的大学士为"瘦羊学士"。

在第一个案例中，小小因为贪图小便宜，反而赔了20元。在第二个案例中，姓甄的大学士带头牵了一只又瘦又小的羊，看似吃了亏，实际上，他的高

006

风亮节让人们都心生敬仰,他的美名尽人皆知,他是赚了一个大便宜——为自己树立了好口碑。

女孩们,生活中的很多事情没有必要斤斤计较。我们如果能够摆正心态,不该占的便宜不占,吃点儿小亏也不计较,那么一定会好运相随的。

朋友相处，要懂得换位思考

所谓同理心，浅显地说就是设身处地地站在他人的立场上思考，体验他人的感情，从而理解他人。在人际交往中，同理心的运用能够使人与人之间拥有更多的理解和体谅，减少误解，增加和谐。一个有同理心的人不会得理不饶人，也不会一味地排斥他人的解释，而是能够冷静理智地与他人产生共情，最终理解他人、宽宥自己。

同理心属于情商的范畴，和古人所说的"己所不欲，勿施于人"是类似的道理。拥有同理心的人通常不会强迫他人做不想做的事情，为人也非常宽容，理解能力和接受能力都很强，很少钻牛角尖，能够坦然面对生活的诸多变故以及他人做出的错误的行为。女孩们，我们也应该培养自己的同理心。很多女孩觉得别人的做法难以理解，其实，这是自身缺乏同理心的表现。大多数情况下，不会所有人都是错的，唯独你是正确的。当你觉得只有你是对的，而其他人都在和你作对的时候，你就该反思自己了。要想拥有同理心，首先，应该让自己变得宽容。很多事情之所以不同的人有不同的看法和做法，是因为每个人的立场不同、观点不同，利益也不同。一旦意识到这一点，站在对方的立场上考虑问题，你就会发现自己变得很容易接受不同的声音和做法。其次，还要学会设身处地。当我们尝试着设身处地地了解他人时，我们会变得更加冷静、更加宽容，这就是设身处地的魔力。你可以想象自己也有同样的经历，如此一来，你就能够理解和体谅他人。最后，要想培养同理心，最重要的是产生共情。人是情感动物，当能体会对方的情绪情感时，你会更加理解对方。当你真正拥有同理心的时候，你会发现你身边的朋友越来越多，大家也都不约而同地更加喜欢你。

刘刚是一名今年刚刚大学毕业的实习医生。自从穿上了白大褂，他发现现实和学校所学到的理论真的相差太远了。为此，他产生了巨大的心理落差，甚至想要脱掉这身白大褂。最让刘刚困惑的是，很多患者不相信他。即使他本着治病救人的理想，设身处地地为患者制定最合理的治疗方案，患者还是会提出种种质疑。这让刘刚备受打击。

有一天，刘刚又被患者质疑，而且患者还因为刘刚的不耐烦和他产生了冲突。对于主任严厉的批评，刘刚真想一走了之，再也不回到医院。主任似乎看透了他的心思，问他："你知道张静为什么那么受患者欢迎吗？实际上，她在医学专业性上不一定比你高明。"刘刚疑惑不解地摇了摇头。主任继续说："每年，张静都被评选为我们科室最受欢迎的医生，是因为她和患者沟通得非常好，她的每一位患者都特别配合治疗，所以，她的治疗效果非常显著。你可以仔细观察她几天，就会了解她的秘密。当然，有很多医生曾经偷偷地模仿她，成功的却没有几个。"

几天之后，刘刚找到主任，说："我发现，张医生对患者特别温柔、有耐心。"主任笑了笑，说："你看到的只是表象。你可以让张医生亲自告诉你秘诀，她一定会毫无保留的。"刘刚离开主任办公室后就去找张静。张静听到刘刚的提问，很平淡地说："我的秘诀就是把自己当成所面对的病人，想象他的担忧和焦虑，帮助他解决他的苦恼和困惑，再实施具体的治疗方案。"刘刚恍然大悟。原来，他虽然面对病人很真诚、很负责，却从未设身处地地去理解病人的感受。很多时候对病人来说，最迫切的不是如何治病，而是先要消除心结。从此之后，刘刚更加用心地观察张静如何和患者交流，渐渐地，居然悟出了一些东西。他惊喜地发现，患者不再像以前那么抵触他了，甚至有几个患者和他还成了朋友。

同理心待人虽然只是简单的一句话，但是真正做起来却有很大的难度。事例中的张静之所以能够得到广大患者的认可，不仅仅是因为她的善良、温柔、有耐心，更重要的是她总是用同理心对待病人，急病人之所急，想病人之所想。如今，医患纠纷愈演愈烈，也正是因为很多医生对待患者的提问极其不耐烦，在制定治疗方案的时候，医生和患者之间并没有取得很好的沟通。

女孩们，同理心并非只对医患之间的关系才有神奇的作用哦！在日常生活中，不管是对亲人、朋友，还是同学、伙伴，只要你能站在对方立场上设身处地地考虑问题，体谅对方，你们一定能相处得很好！

真诚，是维持友谊的一座桥梁

所谓心扉，指的是心的门。顾名思义，敞开心扉就是要敞开心的门。当朋友以真心对待我们的时候，我们也要打开心门，毫无隔阂和芥蒂地面对朋友，包括把我们心里的阳光面、阴暗面、人性的弱点等展示给朋友看。真正的朋友，不会因为我们不够完美就离开我们。相反，当看到更加真实的我们时，他们会更加珍惜，并且以更大的真诚回报我们。总之，朋友的真心需要我们敞开心扉去拥抱。试想，当朋友以真心对待我们，我们却说着言不由衷的话，脸上挂着矫饰的笑容，朋友会感觉不到吗？当朋友一如既往地对待我们，我们又怎么对得起朋友的真情呢？朋友之间理应肝胆相照。

乔爱和丽敏是好朋友。从大学时代开始，她们就经常在一起吃饭、跑步等，几乎形影不离。大学毕业后，乔爱回到老家，成为一名小学老师。丽敏因为不甘心回到家乡，所以只身去了上海打拼。丽敏每年回家都会和乔爱相聚，她们一起逛街，一起吃饭，仿佛又回到了大学时光。几年之后，她们彼此都有了最爱的人，开始谈婚论嫁。

也许是虚荣心作怪，丽敏每次和乔爱说上海时都眉飞色舞。透过丽敏的描述，乔爱仿佛亲眼见到行色匆匆的白领、高速飞驰的列车、高楼大厦、车水马龙……在乔爱心里，丽敏是每天出入高档写字楼、喝咖啡、抱着鲜花的现代白领，就像电视上的白领们一样光鲜亮丽、衣食无忧。因此，当乔爱因为买房还差几万块钱向丽敏求助时，乔爱根本没想到丽敏会拒绝她。其实，丽敏也没有拒绝她，只是说自己的钱全部投资在股票和基金里，而且下个月也会开始买婚房，价值大概三百万，不但要花光所有积蓄，还要和银行借一百多万……乔爱当然知道丽敏拒绝的原因，于是黯然说再想想办法，从此再未因为钱的事情向丽敏张嘴。

一年春节，久未见面的她们再次相见。丽敏很热情地邀请乔爱一起吃饭，乔爱原本不想去，但还是去了，毕竟是这么多年的好朋友。酒过三巡，乔爱喝多了。说起当年借钱的事情，乔爱说自己的脸都丢光了，因为她和老公主动请缨，并且保证说丽敏一定会帮忙。丽敏看着乔爱，认真地说："乔爱，你以为大城市的生活灯红酒绿，其实，我的压力比你大多了。当时，我根本没有什么积蓄，但是碍于面子，所以说钱都在基金和股票里。我是做销售的，每个月都要请客户吃饭，一桌酒菜就是几千元。虽然工资也有个万儿八千，但是吃几次饭就花光了。不吃又不行，后续就没有生意做。你看我以前滴酒不沾，现在这么能喝酒，都是被逼出来的。"听了丽敏的话，乔爱当即释然。她感慨地说："丽敏，我们是最好的朋友。不管在上海过得好还是不好，你都不应该对我隐瞒呐。如果你当时就告诉我真实情况，我何至于疏远你这好几年呢，心里确实过不去哇。现在好了，一切都过去了，咱们还是好姐妹。"

丽敏为了面子没有把真相告诉真诚对待她的乔爱。如果不是把丽敏当最好的朋友，乔爱又怎么会向她求助呢？女孩们，对于最好的朋友，我们不需要面具，也不要找借口，而要把自己的真心袒露给朋友，只有这样，我们的友谊才会万古长青！

请接纳并感谢你的对手

对于朋友，我们往往能够做到宽容相待。然而，对于对手，大多数人却是横眉竖眼、势不两立。有位名人曾经说过，看一个人的底线，看他的朋友；看一个人的实力，看他的对手。从这句话中不难看出，对手对于我们来说还是很重要的，从某种意义上来说，他们代表了我们的实力。的确，没有人会和一个实力远远不如自己的人暗自较劲，因此，对手的实力就代表了你的实力。最起码你们的实力是旗鼓相当的，所以才会成为对手。

在生活中，陪伴我们的不仅有我们的朋友，还有我们的对手。跑过马拉松的人都知道，马拉松的全程很长，很难坚持跑完。很多人之所以能够坚持跑完全程，就是因为他们把漫长的赛道以标志物分割成很多段，每个标志物都是一段赛程的目标。就这样，他们跑完一程又一程，最终跑完了全程。在我们的人生赛道上，对手也有同样的作用。在不同的人生阶段，我们会为自己树立不同的对手，从而不停地战胜对手，进入人生的下一个阶段，最终完美地跑完人生的全程。

每个人都应该为自己寻找合适的对手，如此一来，我们的进步会更快，动力会更足。女孩们，要想更快地提升自己，你就要寻找对手、接纳对手、研究对手，最终才能战胜对手。对手，是你进步的阶梯，是你成长的捷径。

晨晨是个很好强的女孩，每次考试成绩都名列前茅。不过，晨晨有个很强劲的对手，叫张丹。每次考试，不是晨晨第一，就是张丹第一。张丹不仅在学习上和晨晨不相上下，还有一个特长，就是唱歌。张丹的妈妈是音乐老师，当张丹被评选为合唱领唱的时候，晨晨这样安慰自己。思来想去，晨晨还是不愿意在张丹的带领下唱歌，因此，她借口生病，没有参加大合唱。

然而，每年都有合唱比赛，且张丹都无一例外地成为领唱，晨晨不可能一直躲下去呀。晨晨曾经认真听过张丹唱歌，他的嗓音的确很优美，而且每个音符都唱得很准。晨晨决定向张丹学习。在大合唱比赛即将拉开序幕的时候，晨晨主动找到张丹，拜他为师。其实，张丹是个很热心的男孩，他不但自己尽心尽力地教晨晨，有的时候，还会把晨晨带回家中，接受他妈妈的专业辅导。聪明的晨晨进步非常快，一个月下来，当再次选拔大合唱领唱的时候，她的唱歌水平已经有了很大的提高。老师听到晨晨优美的独唱，突发奇想，决定今年选出一男一女两个领唱。就这样，昔日的对手如今并排站在领唱的位置。

晨晨真的非常聪明，借病逃避一次之后，她意识到一味地逃避只会让自己失去更多，还不如勇敢面对。正因为这种积极的想法，她才能进步神速，成为领唱。人们常说，机会是留给有准备的人的，这话一点儿都不假。

女孩们，你们是不是也曾经像晨晨一样把对手视为眼中钉，肉中刺呢？要知道，这个世界上，每个人都有自己的优点和长处，也都有自己的缺点和弱点。对于自己的优点，我们要发扬光大，对于他人的优点，我们要虚心学习。哪怕我们将其视为对手，也应该心平气和地接纳他。唯有如此，我们才有机会超越他，最大限度地提升自己的能力，为自己赢得广阔的天空。

有一种修养，叫莫论他人是非

女孩们的生活相对比较简单，没有那么多家长里短的事情。不过，即便是对于在校读书的女孩来说，若不能妥善控制自己的言辞，很有可能变为"大嘴巴"。为人做事，应坦坦荡荡。不管是说别人的好话，还是说别人的坏话，都应该当着别人的面，而不应该在背后偷偷摸摸地搞小动作。在学校生活中，如果同学之间有特别出类拔萃的，你尽可以当面表达赞美。如果有些同学学习不努力，人品也不好，你也可以当面指正。这些原本符合实情的话，一旦通过非正式或秘密渠道传播，传播的人就难逃"大嘴巴"的嫌疑。青春期的少男少女们，往往会彼此产生好感。如果对方是你的好朋友，你完全可以光明正大地提醒他们注意把握分寸，而千万不要在私底下嘀嘀咕咕。古人云，三人成虎。很多时候，捕风捉影的事情说的人多了，就会变成真的。所以，我们一定要管好自己，千万不要成为流言蜚语的源头，更不要成为流言蜚语的传播者。

晓敏和丹丹不但是同桌，也是好朋友。最近，晓敏发现丹丹和自己疏远了一些，这一切都是因为那个叫格雷的男孩。格雷是隔壁班级的男生，不但长得帅气，而且学习成绩很好。不知道从什么时候开始，丹丹和格雷走得很近。他们放学的时候会有意一前一后地走着，佯装偶遇地聊天。即使在学校里，也常常会找各种各样的借口见面，或者借书，或者还个本子。课间的时候，因为教室就在隔壁，他们还常常会一起在阳台上站着，漫不经心地聊天。看到丹丹因为一个不相干的男孩疏远了自己，晓敏很不高兴。

有一次，一个同学看到晓敏放学独自回家，就问："晓敏，你怎么落单了呀？"晓敏满怀醋意地说："我的搭档有新欢啦！"听到晓敏的回答，那个同学不由得哈哈大笑。没几天，班级里就有好几个同学都开始说丹丹的流言。大家都说丹丹在和格雷谈恋爱，还说她为了格雷，"抛弃"了晓敏。世上没有不透风的墙，一段时间之后，这些流言蜚语传到了丹丹耳中。丹丹生气地找到晓敏，问："晓敏，我和格雷的事情是你说的吧？"晓敏不以为然地说："怎么了，你做了还怕别人说吗？"丹丹气愤地说："我和格雷只是普通朋友，你为什么要往我身上泼脏水呢？"说完，丹丹生气地跑开了。

没过多久，丹丹就转学了。看着身边空空的座位，晓敏后悔不已。

丹丹之所以转学，一是为了躲避流言蜚语，二是为了向大家证实她和格雷真的只是普通朋友。如果不是晓敏在不了解真相的情况下就乱说话，丹丹也不会无奈转学。如今，晓敏虽然懊悔不已，却对事情的现状无能为力了。

很多时候，说出去的话就像是泼出去的水，即便发现是错的，也很难收回。女孩们，在生活中，我们一定要谨言慎行，千万不要犯和晓敏一样的错误。俗话说，祸从口出。要想让自己的生活环境整洁清净，就一定要管好自己，不要无风起浪。

女孩，一定要交几个闺蜜挚友

近年来，闺蜜这个词语非常流行。顾名思义，闺蜜就是闺中密友。大多数女孩的闺蜜同样也是女孩，极少数女孩的闺蜜是男孩。其实，不管是同性还是异性，闺蜜的本质都没有改变——无话不说、无话不谈、彼此信任和依赖的好朋友。古人云，酒逢知己千杯少，正是指遇到相知相惜的人，即使喝再多的酒，也依然觉得不够，可见彼此之间是多么性情相投、惺惺相惜。知己，可遇不可求，同样的道理，闺蜜也是可遇不可求的。现代社会，人们的生活节奏普遍加快，生活压力也越来越大，很多时候，人们忙于自己的生活，很少有时间经营和朋友之间的感情。

如果女孩们有一个闺蜜，那就是人生的一大幸事。当心情不好的时候、当生活遇到挫折的时候、当遇到高兴的事情时……总而言之，不管是哭还是笑，闺蜜都会伴你一路同行。人生原本就很艰难，每个人都会遇到不开心的事情，如果有闺蜜陪伴在身边，艰难的时刻就会变得不那么难熬。闺蜜既然如此重要，在选择时就要格外用心。很多时候，这个陪伴在我们身边的人对我们的影响远远超过父母、师长，她说的每一句话都会在无声无息间渗入我们的心灵，无形中影响着我们的决定。聪明的女孩会选择各个方面和自己实力相当的女孩当闺蜜，或者是性格互补，或者是性格相似，但是在对原则性的事情的见解上一定要和你保持相对一致。唯有如此，才会对你起到积极作用。

李楠高中毕业之后，没有考上好大学。郁郁寡欢的她，因为自尊心，没有选择复读，而是在同学们都背起行囊去外地读大学的时候，也背起行囊去了南方城市。不过，李楠有个好闺蜜——燕儿。燕儿很聪明，高考的时候超常发挥，考入了北京某知名学府。读大学的她始终不忘自己的好闺蜜，虽然人在北京，却一直牵挂深圳的李楠。

一个偶然的机会，燕儿得知她的辅导老师高考的时候就曾落榜，便赶紧寻根究底，问老师是如何成为大学校园里的辅导老师的。辅导老师笑着说："其实很简单，提升学历的途径远远不止上大学一种。只要真的想提升自己，可以半工半读哇，这样还有个好处呢，不用父母负担自己的学费。取得本科文凭后，还可以考研究生。这些考试都可以在工作的状态下进行。如今，教育的途径和渠道有很多，无须局限于大学。"听了老师的话，燕儿当晚就给李楠去了电话。她把老师和她说的话一字不漏地转达给李楠，聪明的李楠当即决定报名参加自学考试，等拿到大学文凭之后，再提升学历，考取研究生，圆自己的大学梦。

就这样，李楠在学习中遇到难题时就会通过网络向燕儿请教，燕儿能解决的就知无不言，言无不尽。如果遇到她也不能解决的难题，就会在最短的时间内请教老师。当得知本校的导师要招收五名研究生时，燕儿更是在自己报名的同时让李楠也报了名。如此一来，李楠相当于在考本校导师的研究生，虽然还没有见过导师，但是她已经从李楠的口中非常了解导师了。果不其然，经过一段时间的刻苦复习，燕儿和李楠双双考上了研究生。

李楠的发展轨迹，因为有燕儿这个好闺蜜而得到了改变。如果不是燕儿给她出主意，李楠也许要走很多弯路，甚至耽误宝贵的学习时间。女孩们，你们的闺蜜也像燕儿这么热心吗？好闺蜜不但要一起哭、一起笑，更要把对方的事情当成自己的事情。因为有好闺蜜的陪伴，我们的人生不再寂寞和孤单；因为有好闺蜜的陪伴，我们不管遇到怎样的困难，都会无所畏惧，勇敢面对。

第02章

接纳自己,爱自己是终身浪漫的开始

常言道,爱美之心,人皆有之,更何况是正值青春花季的女孩们呢?每个女孩都爱美,每个女孩心里都住着一个美丽的公主。每个女孩相貌都不同,都有属于自己独特的美。女孩们,当你对自己的长相不满意的时候会怎么做呢?是抱怨,是排斥,是抗拒,还是接受、感恩、欣喜?不管怎么想,你都是你。

雀斑，有一种与众不同的美

女孩们都很重视和在乎自己的相貌。一张美丽的脸庞，就像是一张精美的名片，会让女孩们给他人留下很好的第一印象。青春期的女孩子们除了饱受痘痘的困扰之外，也因为雀斑而烦恼不已。很多女孩的双颊、鼻梁两侧，都会长出很多淡淡的雀斑。人们常说，一白遮百丑。显然，这句话对于长雀斑的女孩是不适用的，毕竟，雀斑女孩的脸庞没有那么白皙，但她们也有属于自己的美丽。很多喜欢看西方影视剧的女孩们会留意到，西方女孩大多数都有雀斑。她们是白种人，皮肤非常白，所以雀斑也特别明显。然而，她们并不因为雀斑而烦恼，她们顺其自然地看待自己的雀斑，觉得雀斑仿佛就应该是她们身体的一部分。也正因为如此，她们从来不觉得自卑，而是坦然地接受自己的雀斑。我们常说，自信的女孩最美丽，自己却常常不能真正做到自信。

其实，雀斑并非不能治疗。现代医学技术非常发达，对付小小的雀斑还是绰绰有余的。女孩们需要做的是千万不要盲目听信所谓的偏方，也不要找江湖游医为自己治病，毕竟，脸面对于每个人都是很重要的。万一治疗不当，非但没有消除雀斑，反而损害身体健康，那就得不偿失了。为此，我们要弄明白雀斑的发生原理。雀斑是常染色体的显性遗传，常有家族史。虽然雀斑是遗传性的，但是如果加以正确的护理，就能够明显减轻。科学家研究发现，雀斑在日晒的情况下更加明显，所以有雀斑的人往往夏天症状更严重。由此看来，雀斑女孩们夏天一定要做好防晒工作，不要让皮肤暴露在强烈的阳光下。等到冬天到来，雀斑的症状就会明显减轻。需要注意的是，青春期少女们正值身体的生长发育阶段，最好不要盲目地治疗雀斑，而应该以提升自己的心灵美为重，不要过分注重外表。女孩们如果能够好好完成学习任务，等到参加工作之后，随着经济条件的好转，一定会找到更加适宜的治疗雀斑的办法。换言之，即使面部有些零星的雀斑，也并不影响女孩们的美丽。对于青春期的女孩来说，真正的美丽是健康、活泼、可爱、执着地进步。

小雪和班里的好几个女孩都有雀斑。这些女孩每天都聚集在一起商量如何去除雀斑，只有小雪对自己脸上的雀斑不以为然。小雪喜欢看美剧，每当看到女孩脸上长着雀斑的时候，她甚至会觉得很亲切。她从未因为雀斑就觉得那些女孩不美丽，相反，那些可爱的雀斑使她非常喜欢那些小演员。

也正因为如此，小雪从不为自己的雀斑苦恼。其他几个女孩的面部经常因为病急乱投医而状况百出，娜娜甚至还严重过敏，满脸通红，又肿又痒。面对这样的状况，小雪安慰她说："娜娜，你就别折腾了，有雀斑就有雀斑吧。你看起来就像我喜欢的那个美国小演员，她很漂亮，因为雀斑又显得非常可爱。我觉得很好哇，一点儿都没有影响她的美丽。你知道吗，你之所以常常因为雀斑感到烦恼，就是因为你没有很好地接纳雀斑。一旦把它视为自己的好朋友，你就不会那么无法容忍它，就不会那么烦恼啦。"娜娜痛苦地说："小雪，过敏的感觉太难受了。如果能够选择，我一定不抹乱七八糟的药膏，我宁愿长雀斑。"在小雪的劝说下，娜娜再也不胡乱抹药膏了。她也和小雪一样，真正从心里接受了雀斑，变得快乐了。对于花季少女来说，快乐就如阳光一般倾泻在她们的身上，让她们整个心灵都沐浴着阳光。如此一来，怎么会不美丽呢！

每个女孩都希望自己越来越美丽。然而，美丽并不是完美。美丽是真实的，完美是虚幻的。有人曾说，这个世界上没绝对的完美，所以完美只存在于虚幻之中。美丽则不同，我们对于美丽往往是仁者见仁，智者见智。因此，女孩们千万不要为了追求美丽而伤害自己，要知道，雀斑是你美丽的点缀，它使你不但美丽，而且可爱。

做好头发护理，让你拥有飘逸秀发

有科学家曾经专门研究过人们的视线，发现大多数情况下，人们在观察的时候，视线都是由上而下，除非特殊情况，人们才会从下往上看。而头是身体最上部的器官，从某种程度上来说，头部会给人以最初的印象。试想，假如一个女孩衣着光鲜亮丽，妆容精致动人，但是头发却满是油腻，还有很多零星的头皮屑，你会对她有好印象吗？相比之下，一个女孩即使不化妆，衣着朴素，但发丝清爽，看起来非常整洁，那么相信你不会反感她。由此可见，头发是我们给人留下良好印象的重要因素之一。

生活在现代的人很幸运，因为各种各样的洗发护发用品层出不穷。只要你爱干净，做到常洗头，头发就不会差。也只有做好清洁工作，才能衬托你的美丽发型。换言之，即使你的发型再怎么漂亮，如果满头污垢，也不会有人欣赏的。

青春期少女都在学校里读书学习，应该以读书学习为重，不要把心思花在无关紧要的事情上，头发只要保持干净清爽就好。有耐心的少女可以留长发，不过清洗起来很麻烦。想省事的女孩可以剪短发，即使每天都洗头，也不会觉得麻烦。只要头发干净清爽，你就是美丽的。

张蕾非常爱美。在其他女生都还懵懵懂懂、不知道化妆为何物的时候，张蕾就开始化妆了。她的衣着也非常时髦，也许是家里经济条件比较好吧，她总是买新衣服，而且都是很高档的服装。不过，张蕾有一点不好的习惯，即她很邋遢，总是把衣柜里的衣服放得乱七八糟，也常常不整理床铺。走出去，她是全宿舍最光鲜亮丽的女孩，回到宿舍里，她是名副其实的"邋遢大王"。

有一次，班级里举行合唱会。全班同学都站好队伍，张蕾因为身材娇小，站在最前排。正当大家专心致志地练习合唱时，站在张蕾后面的同学突然小声说："真味儿啊，谁呀，至少三天没洗头了。"张蕾听到这话不由得脸红了，同学们都在寻找味道的来源。这时，张蕾旁边的同学突然喊道："呀，张蕾，你怎么这么多头皮屑呢？"同学们都开始窃窃私语，有个同学嗤之以鼻地说："哼，打扮得再漂亮有什么用啊，连最基本的卫生都没搞好。"

这次事情让张蕾很难堪。从此之后，她坚持隔天就洗头发。为了保持干净卫生，她甚至把及腰的长发剪成齐肩的，这样洗起来就省事很多，也能节省时间。

油污的头发不但会散发出浓重的头油味，还会成为细菌的滋生地。每个女孩，无论化妆与否，也不管是否有高档时装穿，最起码都应该做到整洁卫生。女孩们一定要记住：爱美丽，从头开始！

坚持自我，不要在意别人怎么说

每个人长相都不同，即使是双胞胎，也有着很大的差别。如果幸运，也许你身材高挑，皮肤白皙、还拥有一副好相貌。如果不够幸运，也许你身材矮小、皮肤黝黑、长得不那么漂亮。当然，上帝大部分时候是公平的，他把优点和缺点平分给每个人，让大家在沮丧的同时也略感安慰，在高傲的同时也对自己有小小的不满意。

女孩们，你觉得自己长得如何呢？你是不是曾经羡慕其他女孩走在路上有超高的回头率，也羡慕她们有摇曳的身姿。当别人对你不屑一顾，你是恨自己没有生得一副好皮囊，还是恨他们不会欣赏你的美？一个人没有漂亮的鞋子穿，就坐在路边哭泣。这时，一个失去双腿的人对他说："我是多么羡慕你拥有双脚，你却因为自己没有漂亮的鞋子而哭泣！"在生活中，很多人就是如此。人都会有贪婪的时候，当我们身患疾病的时候，会期望自己恢复健康，真切地觉得健康比一切都更重要；当我们恢复健康，马上就又会开始追逐金钱名利。聪明的女孩们，不要犯这样的错误，想想那些身残志坚的女孩，如桑兰、海伦·凯勒、张海迪。和我们相比，命运对她们太残酷，然而，她们对待生活的态度远比我们更乐观。我们就算黑一点儿、丑一点儿、身材矮小一些，又有什么关系呢？至少我们能跑、能跳、能自由地在人世间奔跑。就算有时感觉被不公地对待，我们也无须在乎别人的目光。我们只要好好活着，就能活出属于自己的精彩。

雪燕的一条腿有点儿跛，这并不影响她好好学习，天天向上。雪燕小时候得了小儿麻痹症，在两岁的时候就不能平衡地走路了。刚刚懂事的时候，她问妈妈："妈妈，妈妈，为什么我不能像其他小伙伴们一样奔跑？"妈妈眼里含着泪水，说："孩子，因为你有一双隐形的翅膀，所以你不能奔跑。这很公平，你会发现在翅膀的帮助下，你以后在很多方面都会很出色。为了让其他的孩子不至于觉得不公平，所以就让你跑得慢一点儿。"雪燕似懂非懂地点了点头。

在妈妈精心的照料和教育下，雪燕的身体发育得很好，也非常聪明。进入学校学习之后，虽然同学们总是投来异样的眼光，雪燕却从不自卑。她告诉自己："他们一定是在看我背上的翅膀。他们真善良啊，妈妈说只有善良的孩子才会看见我的翅膀。"雪燕学习非常努力，她始终牢牢记得妈妈的话。渐渐地，雪燕长大了，她知道了妈妈的谎言，不过，她丝毫不怪妈妈。妈妈善意的谎言陪伴她度过了人生之中最敏感的时期，如今的她，并不在乎别人的眼光。她那么优秀，那么出色，她知道，她真的有翅膀！

事例中的雪燕妈妈，是一个非常用心的好妈妈。正是因为她的用心，小雪燕在成长的过程中真的拥有了一对隐形的翅膀，这就是自信。她不在乎别人说什么，只是坚定地走自己的路。虽然她的腿有点儿跛，却并不妨碍她成为命运的强者。

女孩们，像雪燕一样勇敢吧！不管怎样，都坦然地走自己的路！

别担心，青春痘是青春的象征

痘痘，又叫痤疮，属于一种慢性炎症性皮肤病，常见于青少年。很多女孩会发现，自从进入小学高年级或者初中，脸上就开始不断地涌现出一些又红又肿的疙瘩。这些疙瘩里面往往有被毛囊堵塞住的脏东西，严重的时候，还会引起面部大面积的红肿。为什么会这样呢？这是因为青春期的少男少女们体内雄性激素比较高，刺激了皮脂腺的发育，最终使其分泌出很多的皮质。当我们的毛囊皮脂腺导管角化异常时，皮脂就不能顺利从毛囊中排出来，最终形成角质栓，也就是轻微的粉刺。当毛囊中的诸多微生物飞快繁殖，导致炎症加重的时候，就形成了痤疮，也就是我们平时所说的"小痘痘"。众所周知，青春期的女孩子正处于最爱美的年纪，如果饱受小痘痘的困扰，她们就会变得非常焦虑，甚至是自卑。在初中校园里，常常听到女孩们互相传授"战痘"经验。然而，不管如何调理，痘痘总是时不时地冒出来，就如野草般"野火烧不尽，春风吹又生"。

其实，小痘痘也是青春期女孩的一道风景线。常常有些女孩在青春期的时候因为痘痘烦恼，等到青春期过去了，却又无比怀念长痘的年纪。既然如此，我们不如和痘痘和谐共生。要知道，痘痘是非常敏感的。细心的女孩们会发现，痘痘常常会随着我们情绪的波动也有异常的反应。诸如，在每个月的那几天，痘痘会长得特别凶；在压力大、情绪焦虑的时候，痘痘也会更加踊跃地从我们的脸上、胸部、后背上冒出来。从这个角度来说，如果我们能够心平气和地接纳痘痘，痘痘也许就不会那么欺负我们啦！女孩们也会发现，有些青春期少女是不会长痘痘的，不管什么时候，她们的面部也不会油光满面，更不会痘痘此起彼伏、惨不忍睹。其实，这是因为她们是干性或者中性皮肤。通常情况下，痘痘更多发于油性肤质。既然如此，我们就可以采取合理的方式中和自己的皮肤，疏通毛囊，将皮脂分泌物及时清除掉，如此一来，痘痘自然会少很多。其实，长痘痘也不必心急，毕竟只有年轻的女孩才会长痘痘，至少说明你们很年轻呢！只要正确护理，痘痘通常在过了青春期之后都能消除。

为了清除多余油脂，女孩们可以每天用温水清洗面部两次。对于痘痘，心急的女孩们常常会忍不住用手去挤压，以为只要把里面的分泌物挤出来，痘痘就会愈合。实际上，挤压痘痘的时候不仅会给皮肤造成伤害，而且手部也是有细菌的，容易引起感染。需要注意的是，长痘痘的女孩们要特别留心给自己挑选合适的护肤品，不要使用油脂类等容易堵塞毛孔的护肤品，也不要使用刺激皮肤的护肤品。在饮食方面要以清淡为主，不要吃辛辣刺激的食物。当然，如果痘痘非常严重，已经影响到你的正常生活，可以求助于医生，咨询用药事宜。

杜鹃是个非常开朗的女孩。进入青春期后，她的面部也和很多女孩一样在一夜之间冒出了"小痘痘"。刚开始的时候，杜鹃非常苦恼，四处寻找偏方，想把痘痘赶走。然而，她试过了很多办法，一点儿用也没有。无奈之下，她只得去医院咨询皮肤科医生。医生仔细查看了杜鹃的面部情况，又详细询问了杜鹃胸部和背部情况。知道杜鹃胸部和背部都没有痘痘之后，医生笑着说："丫头，在所有长痘痘的人群里，你的痘痘已经是最少的了。很多人胸部和背部也有痘痘，你只面部有。而且，你面部的痘痘也不多，只有零星几个，也不红肿。我建议你不要管它们，你只管吃好睡好，注意清洁面部，不要吃辛辣刺激的食物就好。如果你每天都因为痘痘烦恼，心神不宁，反而更容易导致情绪波动，引起痘痘疯长。难道你没发现吗？情绪的波动也会影响痘痘的。"听了医生的话之后，杜鹃再也不把痘痘放在心上了。

之后，她每天都快快乐乐地读书学习，和同学们嬉笑打闹，渐渐地，痘痘居然越来越少。虽然有零星的几个，但是丝毫不影响她的心情。她还每天都注意用温水洗脸，清洁自己的皮肤。看到快乐的杜鹃，班级里的很多女孩还向她讨教秘诀呢！

痘痘是青春期的正常产物，女孩们，你们也要向杜鹃学习，学会平和地看待痘痘。很多时候，痘痘之所以惹人烦恼，就是因为你们太过于在乎它了。假如你能学会忽视它们，正常地生活和学习，也许它反而自觉没趣了呢！痘痘的大撤退，就在你的好心情之中！

退一步来说，即使痘痘没有好转，十年之后，当你翻看自己满脸痘痘的照片，你会不会因为自己曾经为了痘痘烦恼不已而觉得好笑呢？痘痘是青春的记忆，如此想来，你就不会那么厌烦痘痘啦！

合理膳食，让你的身体更健康

常言道，民以食为天。人每天都要辛苦地学习、工作，还要兼顾生活的方方面面，如果不能摄入充足的营养和能量，就无法维持日常的正常活动。营养，顾名思义就是能够为我们的生命活动提供养分的物质。营养物质必须从均衡的饮食中得到。人体需要多种多样的营养，缺少任何一种都会导致营养的不均衡，所以，营养学家始终呼吁均衡饮食。然而，近年来，营养的摄取似乎受到很大的威胁。究其原因，是因为很多女性朋友步入了减肥的阵营。当然，减肥并非不好，当肥胖影响我们的身体健康时，我们确实需要减肥。

随着生活水平的提高，肥胖的人群越来越扩大化。然而，很多人之所以肥胖，并非因为营养摄入过多。很多时候，饮食的不均衡也会导致肥胖。例如，有些女孩只爱吃肉，不爱吃菜；有些女孩只爱吃米面，不爱吃蔬菜水果；有些女孩最喜欢甜品，几乎每天都要吃甜食……这些不良的饮食习惯都会导致肥胖。肥胖的原因多种多样，所以想减肥不能一味地节食。常常有女孩因为节食导致营养不良，晕倒或者低血糖屡见不鲜。还有些女孩更加心急，乱吃各种减肥药，最后被送进了医院。其实，减肥根本没有那么复杂，均衡的饮食加上合理的运动，就可以帮助我们恢复健康和健美的身材。有很多女孩以瘦为美，也是非常片面的。健康才是真正的美。

饮食是一门很大的学问，中国饮食文化源远流长。好的饮食，不但色香味俱全，而且营养搭配合理，能够帮助我们养成健康的饮食习惯，为我们的健康保驾护航。聪明的女孩都会吃，且能够吃出健康和美丽！

妙妙因为减肥进了医院。同学们议论纷纷。早在去年暑假，妙妙去医院抽脂减肥，同学们就为她捏了一把汗。妙妙抽脂之后的肚皮简直惨不忍睹，就像风干了的橘子皮。抽脂之后，妙妙的确瘦了一段时间，然而，因为没有控制饮食，她的体重很快就反弹了。妙妙把所有的钱都用在抽脂减肥上了，看着体重蹭蹭地上涨，她可没有钱再去抽脂了。为此，她想出了一个很省钱的办法，每天只吃一顿早饭，中午吃黄瓜，晚上吃西红柿。不到一个月，妙妙就面黄肌瘦，走路轻飘飘的。昨天中午，她吃完黄瓜躺在床上睡觉，居然在睡梦中晕了过去。舍友喊她起床去上课，她毫无反应，才意识到她出了问题。

经过检查，医生确定妙妙患了低血糖症，还有严重的营养不良。医生很严肃地告诉妙妙："如果你继续这样不合理饮食，就会危及生命。"听了医生的话，妙妙害怕极了。然而，她还是心有不甘。她问医生："医生，有没有好的减肥方法呢？"医生无可奈何地说："你这个小丫头，为了减肥，连命都不要了。你知道吗，你这种思想是很危险的。其实，每个人的合理体重都是不一样的。有的人很瘦，但是很健康。有的人天生就属于丰满型的，只要不到肥胖的程度，且身体健康，根本无须减肥。况且，减肥也不能不要命啊。命都没了，还瘦给谁看呢？减肥，要合理膳食，结合运动，这样才会又美又健康啊！"

听了医生的话，妙妙恍然大悟。的确，命都没了，还瘦给谁看呢？出院之后，妙妙查了很多资料，为自己制订了一个合理的营养餐。每天的一日三餐，她都按照计划书上的摄入量摄取足够的蛋白质、碳水化合物、维生素、微量元素等身体必需的营养元素。而且，她每天都早早起床，锻炼身体。果然，两三个月之后，妙妙的脸色越来越红润，甚至连记忆力都有了很大的提高。看着自己健康的身体，妙妙还专程去感谢了那位医生。现在的妙妙，每当听到有同学节食减肥，都会非常热心地把自己的营养餐计划书推荐给他们。妙妙总是说："让我们一起吃出美丽和健康吧！"

没有健康作为基础，再美丽也毫无意义。如果减肥是以损害身体健康为代价的，这样的减肥也太得不偿失了。每个女孩子都爱美丽，这无可指责，然而，追求美丽也要讲究科学的方法。如果一味盲目地节食，或者采取极端的诸如抽脂等手段，只会导致身体紊乱和失衡，自此更加与美丽绝缘！

为此，女孩们一定要合理膳食，这样才能拥有美丽的身材，才能拥有健康的身体。

自信点儿，平胸女孩也可以很美

乳房是女性最明显的第二性征，也是母亲哺育后代的重要器官。10岁之前，女孩的乳房几乎不会发育。不过，由于生活水平的提高，女孩乳房发育的年龄在近些年有所提前。在10~16岁，女性的乳房渐渐发育成熟。乳房的发育，既受到遗传因素的影响，也与饮食有很大的关系。例如，欧美国家的女性因为高脂饮食，乳房发育往往较早，而且发育成熟之后乳房也会比亚洲地区女性的大10%。

乳房是女性器官中非常娇弱的部分。近年来，由于环境污染、饮食卫生等问题，患乳腺疾病的女性越来越多。在生长发育的过程中，女性朋友应该经常进行自检，随时关注乳房健康。现实生活中，挺拔的乳房常常使很多女性朋友引以为傲。然而，人们对于乳房也存在一定的误区，觉得一定是越大越好。其实不然。乳房的作用主要是哺育后代，同时也兼顾美丽。可以说，乳房不管大小，只要健康，就是美丽的。在现代人的观念中，也许觉得丰满的乳房更加性感，实际上，小巧可爱的乳房也有轻灵的优点。尤其是对于青春期少女而言，即使是胸部较平，也丝毫不会影响女性的美。要知道，青春期少女原本就是含苞待发的花骨朵儿，有青春的美丽和魅力。如果把人生的时间归结为一天，那么青春期少女无疑就是九、十点钟沐浴着阳光、带着露珠的花骨朵儿。青春无须装饰，活力就是青春最美的妆容。

小倩是一名六年级的学生。虽然是小学生，但是六年级的女孩都已经亭亭玉立了。小倩长得非常瘦弱，就像一棵豆芽菜，胸部也较平。为此，小倩很苦恼。班级里很多女孩子的胸部已经像小馒头一样微微凸起了，还有些女生甚至开始穿紧身胸衣。看着女同学们挺拔婀娜的身形，自己却像个假小子一样，小倩不由得懊恼万分。

有一次，因为有个女同学戏谑地说小倩是"太平公主"，小倩哭着跑回家。妈妈看到小倩哭肿的眼睛，赶紧问道："小倩，你怎么了，被人欺负了吗？告诉妈妈，妈妈给你讨个公道。"小倩没好气地回答妈妈："谁欺负我了？谁欺负我了？就是你呀！你看看，你把我生成这个样子，同学们都笑话我啦！"妈妈不明就里，问："我把你生成什么样子啦？你看看你，皮肤这么白皙，脸庞也长得很精致，大大的眼睛，高挺的鼻梁，还有个樱桃小嘴。就这样，你还不满意，你不知道有多少人羡慕你呢！你最应该感谢妈妈把你生得高挑而又苗条，现在不就流行这种身材吗？"妈妈不说身材还好，一说身材，小倩哭得更加伤心了。她说："你还说身材呢，同学们都叫我'太平公主'！"妈妈听到小倩的话不由得哈哈大笑，说："这个称呼还真是很贴切，谁给你起的外号，真是有才！不过，你完全不用担心这一点，你没看到有个大明星也是'太平公主'吗？而且，你只是发育得比较晚，不会永远都当'太平公主'的！""你说的是真的吗？""当然！"妈妈点点头说，"妈妈像你这么大的时候也是'太平公主'呢！再过几年就好了，你就放心吧！你知道吗，妈妈那个时候也和你一样苦恼。不过，妈妈有个舅妈是医生，她说女性的胸部有大有小是正常的，并不会影响哺乳功能。而且，有些人天生发育比较慢，但随着身体的发育，都会得到改善的。你才12岁，着什么急呢！"听了妈妈的话，小倩觉得心里有底了。次日清晨，她又恢复了自信和力量，和往常一样高高兴兴地去学校了。

每个人的身体状况都是不同的，发育情况也不可能完全同步。因此，女孩们要有耐心，就算同龄人都在快速发育，也不要着急，也许命运想让你多享受一段时间无忧无虑的童年呢。

　　换个角度来说，即使真的是"太平公主"也没有关系。如今，很多大名鼎鼎的女星也是"太平公主"，但是这并不影响她们的自信和骄傲。每种身材都有自己的优势，只要有自信，我们就是最美丽的！

运动起来，帮你亮出优美身材

每个女孩都希望自己有个好身材。其实，好身材不但让人赏心悦目，还是健康的体现。很多研究曾证实，腰围与人罹患心脑血管疾病之间有着一定的关系。由此可见，女性朋友们追求美好身材，不是盲目地为了爱美，也对健康有极大的好处。凹凸有致的身材是大多数女性都梦寐以求的。但想塑造这样的体形，还是有一定难度的。很多时候，我们似乎无法控制身体的各个部位，导致要凸的时候就都胖了起来，想凹的时候就都不由分说地瘦了下去。如此一来，怎样才能做到凹凸有致呢？其实，前面所说的这种情况是不科学的减肥方法导致的，例如节食。节食引起的是全身性的胖或者瘦，不会认准身体的某一个部位。我们常常羡慕别人的身材那么好，实际上，她们是有秘诀的。

尽管大多数人都知道生命在于运动，然而，真正能够做到经常运动的人少之又少。这是因为现代生活压力大，大多数人都要加班加点。不过，对于在校的学生来说，运动则是可以保证的事情，只要有足够的毅力，能够一直坚持，不但能够收获美丽，还能收获健康。很多女孩羡慕女明星的身材曼妙，实际上，女明星不但有着严格的饮食限制，而且也有合理的运动计划。为此，女孩们要想获得优美的身材，那就要坚持运动。

在此，为诸多爱美又爱健康的女孩们推荐几个运动项目。运动应该是全身性的，有些运动项目虽然消耗很大，但是并不能增强我们身体的柔韧性，因此不适合女性锻炼。相信很多女孩看过滑冰，那些美丽的女孩身材窈窕，就像精灵一样在冰面上自由地滑翔，又像是在倒扣的天空中飞翔。滑冰的女孩非常美丽，她们的身材非常柔韧，而且滑冰对于塑造身形效果显著。游泳也是不错的选择，人们常说，女人是水做的，游泳不但能够润滑我们的肌肤，而且和滑冰一样也是全身性的运动。细心的女孩可以发现，游泳运动员的身材是非常好的。当然，滑冰和游泳都容易受到场地的限制，你如果不想花费昂贵的钱购买装备去溜冰场和游泳馆，那么可以考虑另外几种运动项目，例如，散步、慢跑，或者骑自行车。这些都是有氧运动，可以在公园里或者空气清新、景色优美的郊外进行。当然，如果没有时间走得太远，学校的操场、小区里的绿地都是不错的选择。这几项运动特别方便，很随意就能够完成。

妙妙自从节食减肥失败后，便听从了医生的话，开始运动减肥。她每天都早早起床，在学校的操场上跑几圈。几个月过去，她不但身材越来越健美，而且气色也越来越好。她觉得自己整个人都变得精神了，记忆力也有很大提高。因此，妙妙一看到有女生减肥，就会提醒她们千万不要节食。后来，妙妙还与几个减肥爱好者自发成立了一个减肥协会，由妙妙担任会长。

妙妙不但定期向她们发布健康食谱，组织大家每天晨练，还会在周末的时候，组织大家进行郊外游览。她们去游览学校附近的很多景点，只要在步行能够达到的范围内，就坚决不依靠公共交通。如此，她们每到周末就会早晨出发，下午回来。妙妙的进步大家有目共睹，当然，那些加入减肥协会的同学们也都明显变得更健康、更美丽了。最重要的是赶走了脂肪，她们觉得自己身轻如燕。这些女孩如今成了学校里靓丽的风景线，她们身材匀称，青春的脸庞就像红红的苹果，气色非常好，又因为经常运动，所以她们身手矫健。好身材的她们，似乎变得更加精力充沛了。

女孩们，你们也想拥有健康的好身材吗？好身材不是节食饿出来的，而是合理的饮食加上适度的运动才能得到的。从现在开始，动起来吧！

第03章

养成教育，品质优秀的女孩闪闪发光

　　对于一个行走人生的旅者来说，充沛的体力虽然是必不可少的条件，但是品质同样重要。不管是古代社会还是现代社会，人们都更讲究人品。可以说，良好的品质是我们行走人生的保障。很多时候，一些耍小聪明的人也许会暂时占得便宜，但从长远来看，唯有高尚的品质，才能铸就美好人生。对于女孩来说，品质同样重要。在生活和学习中，女孩们应该有意识地提升自己的品质，让自己变得更加坚强、独立、品德高尚、正直善良。也许有人会说，品质并不能给我们带来明显的效益，然而，那些成功人士和伟人，除了拥有超凡的能力之外，无一不具备优秀的品质。

责任重于泰山，让女孩更优秀

责任，顾名思义，就是一个人应该承担的分内之事。大凡能够承担起某种责任者，往往将责任视为自己应尽的义务。既然是分内之事，责任的界定范围就与分内的界限有着密切的联系。其实，对于分内的理解，每个人都有着不同的尺度。有些人基于良心道德的范畴，有些人基于法律的范畴，有些人是根据约定俗成的规矩……总而言之，对于分内的界定，每个人都有每个人的标准。因此，对于责任心，每个人也有着自己不同的理解和对应的行为。责任心强的人，会主动承担起更多的责任和义务，并且觉得责无旁贷；相比之下，责任心差的人，对和自己无关的事情就想出各种理由推脱。责任心强的人承担着各种沉甸甸的担子，也从不抱怨；责任心差的人，虽然没做什么事情，却怨声载道。所以，有责任心的人会更受欢迎。

也许有些女孩会说，责任不是男人才应该承担的吗？女孩是被呵护和宠爱的，无须承担责任。这句话大错特错了。现代社会，女性和男性一样承担着工作的责任、照顾家庭和赡养父母、抚育孩子的责任。因此，女性也同样要有责任心。在网络上的一些新闻事件中，很多母亲因为家庭突然遭受变故，承受不了巨大的压力，无法肩负家庭的重任，因此抛弃家庭和孩子离家出走，一去不返。这样的母亲不配称为母亲，因为她给家庭和孩子带来了很大的伤害。此外，在学校生涯中，很多女孩希望自己能成为班干部。要知道，老师和同学们在考量是否举荐某个人当班干部时，主要是看这个人是否能够承担起相应的责任。例如，班长就要身先士卒，在班级里的活动中起到带头作用；学习委员要成绩优异，在学习上成为全班同学的表率。进入大学之后，还会有学生会主席的职务，学生会主席不但要在班级里身为表率，还要在全校同学面前起到示范作用，成为全校同学的榜样。尽管人们把温柔作为女孩的标签，但是现代女孩不但要温柔，还要坚强。试想，一个女孩不但能文，温柔似水，而且能武，在遇到事情的时候不慌乱、不推诿，能够勇敢地承担起责任，那么这个女孩一定能够博得更多的赞许和认可，得到人们的敬佩。

小敏和晓娜在同一家公司工作。有一次，老板让她们把一个价值不菲的古董花瓶作为礼物送给客户，还让她们请客户吃饭，以便让客户签约。她们把客户约到一个高档会所，小心翼翼地把古董花瓶展示给客户看，客户果然很喜欢。原来，老板早已打听好这个客户就是喜欢收集古董花瓶。

在宴席上，小敏和晓娜陪着客户吃饭，聊得很尽兴。不知不觉间，小敏和晓娜都喝多了，客户最后还是给她们倒了杯酒，说如果想签约，就一饮而尽。看到顺利签单就在眼前，小敏和晓娜只得硬着头皮端起酒杯，一饮而尽。小敏觉得想吐，晓娜赶紧起来扶着她去洗手间。不想，晓娜被地板上的酒盒绊倒了，带着小敏，一起倒在了旁边的凳子上，把凳子上放着的古董花瓶碰到地上，摔碎了。她们瞬间被吓醒了，浑身都是冷汗。要知道，这个古董花瓶可是够她们挣一辈子的。客户看着她们，说："小敏，晓娜，这个花瓶摔碎了，可不能算我的呀！"

回到公司之后，老板严肃地批评了她们，还说要开会研究如何处罚她们。中午，办公室里的人都去吃饭了，晓娜走到老板办公室，说："老板，花瓶摔碎了真的不怪我。我那天就是学雷锋，做好人好事，才陪着小敏去洗手间。要不是为了小敏，我也不会摔倒。你不知道，小敏喝醉了，身体太沉了，使劲撞了我一下呢！"老板看着晓娜，说："我知道了。"其实，在晓娜来找老板之前，小敏就已经找老板了，她对老板说："老板，古董花瓶价值不菲，您要罚就罚我，千万不要罚晓娜。她妈妈身体不好，常年需要吃药。你放心，不管需要赔多少钱，我都会努力工作赔出来的。那天，我喝多了，晓娜也是为了搀扶我，才不小心摔倒的。"如今，老板听了小敏和晓娜的话，心里已经知道了到底是怎么回事儿。其实，客户也给老板来过电话，为小敏和晓娜求情："李老板，不要罚你的员工啦。你的古董花瓶虽然摔碎了，但是心意我领了。你的员工都很拼，陪我喝酒眼睛都不眨，就当是我已经收到花瓶了。晓娜是被地板上的酒盒撞了一下，不然也不会摔倒。她不是故意的。"得知小敏主动承担责任之后，客户说："放心吧，李老板，看在你有小敏这么好的员工的份上，我也会和小敏签下这个单子的！"

后来，老板在开会的时候说："我已经知道了这件事情的来龙去脉。不过，我要额外奖励小敏。她遇到事情的时候没有推脱责任，而是勇敢地站出来承担责任，保护晓娜不受到处罚。这样的员工，是我们必须重任的员工。从现在起，小敏升任销售部主任。晓娜，你应该为有这样的小伙伴自豪呀！"听了老板的话，晓娜羞愧地低下了头。

小敏勇敢地承担责任，非但没有受到惩罚，反而还得到了嘉奖。这样有责任有担当的女孩，不管是哪个公司哪个老板，都会很欣赏的。人生就是如此，每个人都承担着相应的责任，唯有努力拼搏、勇敢担当，最终才能得到属于自己的回报和认可。

女孩们，你们也想拥有老板的赏识和同事的认可吗？其实，不管是在工作中，还是在学习中，都需要我们去认真地对待、勇敢地承担。责任感不但包括我们自身的生活，还包括对国家、对社会的责任感。鲁迅先生以手中的笔为战斗的武器，唤醒了无数国人，让他们奋起反抗，这就是社会责任感。责任感和其他很多优秀的品质一样，是我们做人的脊梁。

独立自强，不做弱女子

人们常说，人生是一趟旅程。我想说，人生是一趟艰难的旅程。在这趟旅程中，我们只能朝着目的地一往无前地行走，不能回头。在这趟旅程中，我们不是一直走在平路上，而是会遇到坎坷和挫折，遇到荆棘和沟壑。我们也许需要淌过冰冷刺骨的河水，也许需要翻越终年积雪的高山，我们的双脚也许会被荆棘刺破，流出鲜血……面对这一切的困难，我们是选择放弃，就此止步不前，还是选择勇往直前？毫无疑问，每个人都渴望成功，害怕失败。成功，在每个人的心里都有着耀眼的光芒。然而，在我们以敬仰的眼光无限憧憬地看着成功者的时候，我们一定不要忘记，所有的成功者都经历了无数次失败，品尝了比普通人更多的艰辛和困苦，所以，我们无须抵触和害怕失败。没有经历过失败的成功，就像没有经过风吹日晒的果子一样，酸涩而缺乏甘甜。只有经历过失败的洗礼，成功才能有更加甘甜的滋味。失败是成功之母，这句话我们从上小学就天天挂在嘴边。然而，生活中真正能够把失败视为成功之母对待的人少之又少。大多数人一旦经历失败，就会变得萎靡不振、郁郁寡欢，瞬间斗志全无。你如果曾经目睹别人成功的经过，就会知道，成功者面对失败是坦然接受，是淡定平和，是从失败中汲取经验和教训，让自己变得更加经验丰富，心理坚强。失败，是我们走向成功的阶梯！

在一生之中，每个人都想实现自身的价值。的确，我们要成为一个有价值的人，不能成为一个可有可无的庸庸碌碌之辈。如此，就要求我们努力追求成功。因为我们的价值不是由失败决定的，而是由成就决定的。想到这里，聪明的女孩当然知道，我们要把失败当成生命对我们的一次历练，坦然面对，踩着失败的阶梯走向更高的顶峰。只有这样，我们才能最大限度地挖掘自身的价值，让自己成为一个不可或缺的人。就像一个刚刚学会走路的孩子，当他开始摇摇摆摆地在路上行走、一不小心摔倒的时候，是就此倒地不再行走吗？当然不是。生命的本能教会我们，应该在摔倒的疼痛中擦干眼泪，站起来继续朝前走。只有不断地练习，我们才能越走越好，越走越稳当。女孩们，记住，越挫越勇才是生命的本能，千万不要被自己外表的柔弱蒙蔽了眼睛。

养在温室里的花朵看起来无比娇艳，从未经过风吹雨打，精致而又完美，就像一件不可多得的艺术品。然而，它们的生命力却很脆弱，一旦有任何风吹草动，它们就会凋零。相比之下，那些露天地里生长的花朵有着更加顽强的生命力，不管是风吹还是雨打，都不能使它们屈服。我们都看过顶风傲雪的腊梅，作为岁寒三友之一，它虽然娇艳，却与青松、翠竹一样都受到人们的赞誉。究其原因，就是因为它在风雪中从不屈服。女孩们，我们也应该成为那株在风雪中吐露芬芳的腊梅。

米粒没有考上重点高中，分数只够读中专。对此，她丝毫没有气馁，而是决定复读一年，考重点高中。这一年，因为教材变动，她依然没有考上重点高中。看着父母那么辛苦和劳累，米粒决定去读中专。爸爸觉得很可惜，说以米粒的勤奋，好好读高中一定能考上名牌大学。米粒安慰爸爸："爸爸，没关系的，我即使读了中专，也可以自学大学课程的。"

读中专的第一年，米粒就参加了自考。一边读书，一边自学，米粒压力很大。第一次自考，米粒只报考了两门课程，全部通过。第二次报名的时候，米粒报了四门课程，只通过了一门。不过，米粒毫不气馁，继续报考。当别的同学都出去玩耍的时候，米粒却坐在教室里安安静静地读书、学习。就这样，三年中专生涯结束，米粒报考六次自考，通过了十几门课程。工作以后，米粒依然很热爱学习，她知道，爸爸一直因为没有供养她读名牌大学而内疚。于是，米粒一边工作，一边备考，最终成功考上了重点大学的研究生。在庆祝宴会上，爸爸流下了激动的泪水。

每个人都会遇到挫折，挫折有大有小。事例中的米粒中考失利，没有考上心仪的重点高中，又因为不想给父母增加额外的负担，她选择了就读中专。不过，她并没有放弃自己对梦想的追求。她刚刚进入中专院校读书就报考了自考，后来还在参加工作之后考上了重点大学的研究生。可以说，米粒顺利度过了人生的坎，进入了一个崭新的阶段。然而，有些女孩就没有米粒这么幸运了，她们遇到的打击是很沉重的。但她们都很坚强，在命运的挫折面前越挫越勇，从未放弃和命运的抗争。

女孩们，人生就是如此，每个人看到的和所经历的人生都不尽相同。然而，强者的命运都有着共同之处，那就是越挫越勇。只有弱者，才会在困难面前低下头颅，俯首为臣。

真诚，给予女孩内在力量与信心

法国著名诗人雨果曾说："世界上最宽阔的是海洋，比海洋更宽阔的是天空，比天空更宽阔的是人的胸怀。"的确，一颗真诚宽容的心，比海洋更辽阔，比天空更高远。然而，人心不但是如此博大高远的空间，还是一个比针尖更小的空间。人心就是这么复杂，有的时候宰相肚里能撑船，有的时候比针尖更小，甚至无法穿透一根头发丝，这就使得人与人之间的交往变得非常复杂。可以说，人心是世界上最难以琢磨的东西。不过，对于想要交到好朋友的人来说，人际交往有一件制胜法宝，那就是真诚。真诚就像春日煦暖的阳光，能够让人感受到无边的温暖；真诚就像冬日纯洁的白雪，让人胸怀坦荡地去接纳它、融化它；真诚就像夏日灼热的骄阳，让人每一个毛孔都渗透出真情；真诚就像秋日累累的硕果，让人发自内心地满怀欣喜。这就是真诚的力量。

当你面对陌生人，你是用心计，还是用真诚？答案当然是后者。要知道，这个世界上没有傻瓜，所以不存在比你更傻的人。因此，千万不要想设计陷害谁，对方也许在某些方面表现得没有你那么聪明，那可能是因为他太善良。唯有真诚，才能让你打开一个陌生人的心扉，让他胸怀坦荡地接纳你的友情。古人云，吃亏是福。也许有人会害怕自己太过真诚，会吃亏上当，那就想想这流传了千百年的四个字——吃亏是福。当别人千方百计地要占你的便宜时，你看似吃亏，却因为坦荡的心获得了更多的快乐和宁静。拥有真诚的人就拥有了这个世界上最宝贵的财富，因为真情是打开友谊之门的唯一钥匙，也是能够让你得到更多真朋友的唯一方法。

小米刚刚来到学校，此时此刻，她就拎着沉重的行李箱站在学校门口。这是她第一次离开父母独自行动。看着陌生的校园和行走在校园里的一张张陌生面孔，小米产生了一种欲哭无泪的感觉。

这个时候，一个女孩停在小米面前，笑着对小米说："同学，你是来报到的吗？我也是新生，我带你去报到处吧。"看着这个女孩的微笑，小米恍惚觉得自己看到了天使，又像是即将溺水的人抓到了一根救命的稻草。女孩不由分说地提起小米沉重的行李箱，吃力地走在前面。因为担心小米跟不上，所以她还会时不时地回头朝着小米微笑。小米很开心，一进学校就有了愿意帮助她的朋友。而且，巧合的是，小米和这个女孩不但是同班同学，还住在同一个宿舍，还是上下铺。因为小米恐高，女孩原本是睡下床，但她很痛快地就把自己的下床让给了小米，自己则选择了上铺。

就这样，小米和这个女孩成了好朋友。她们一起读完初中，考上了重点高中，后来虽然不在同一个城市读大学，但是丝毫没有影响她们的友谊。

女孩的笑容感动了小米，她的笑容那么真诚，没有任何的矫饰和虚伪。她也真心真意地对待小米，这才让对环境完全陌生、充满戒备的小米放下戒心，诚心诚意地接受了她的友谊。好朋友之间就是这样，友谊就像我们的眼睛，揉不得任何沙子，否则就会流泪。

真诚是人际交往的法宝，不管是对我们的朋友，还是对于陌生人，甚至是对同事、路人，真诚都能够帮助我们打开对方的心扉，获得对方最真挚的友谊。女孩们就像一朵朵鲜花，如果能够像事例中的女孩一样不吝啬自己真诚的微笑，一定会拥有更多的朋友。

坚持不懈，就能遇见更好的自己

人和人之间，差别究竟有多大？答案是，人的天赋其实都差不多。那么，在生活中，为什么有的人非常优秀，是凤毛麟角的强者，而有的人却处处不顺，做什么事情都很失败，一生平庸？其实，区别就在于坚持。经常看名人传记和历史书籍的人都知道，大凡成功者，不管是在政治的道路上，还是在科学技术或者文学艺术的道路上，都是具有坚持品质的人。他们的成功并不是一蹴而就的。和大多数普通人一样，他们也经常遭遇坎坷。为了最终获得成功，他们甚至经历了更多的失败。诸如，爱迪生为发明电灯，仅就某一种类型的材料就进行了六千多次试验；居里夫妇为了提炼出宝贵的微量元素，一生之中都在进行艰苦卓绝的科学实验；司马迁之所以能够完成《史记》，完全是因为他超强的毅力，身残志坚，在遭受非人摧残的情况下，始终坚持写作……纵观历史长河，古今中外，只要是成功之人，一定有着不同寻常之处，一定有着坚持的品质，历经磨难而百折不挠。试想，哪个人的人生是一帆风顺的呢？做哪件事情能够不费吹灰之力就获得成功呢？如果遭受一点儿挫折就放弃，那么没有任何人能够获得成功。

在生活中遇到困难的时候，一定要给自己鼓劲，努力坚持下去。要知道，就在你想要放弃并且决定放弃的下一刻，只要你坚持了，也许成功就会马上到来。

作为女孩，尤其应该有理想。理想是我们人生的引航灯，只有在理想的指引下，我们才不会偏离航道，才能向着目标不停地努力，争取实现最好的自己。然而，在实现理想的过程中，我们注定要经受很多坎坷和挫折。这种情况下，坚持的女孩一定能够走到成功，半途而废的女孩注定与失败相伴。生活中，即使是很小的一件事情，也需要坚持才能成功。例如，一个女孩想给妈妈编织一条温暖的围巾，她不停地织呀织呀，织到一半的时候就想放弃了。这时候，如果她能够坚持，妈妈很快就会拥有一条女儿亲手编织的围巾。反之，如果她放弃，这条围巾就成了永远无法完成的半成品。由此可见，生活中的很多事情需要我们去坚持。女孩们，要想拥有完满的人生，就要学会坚持哦！

再过一个月，学校就要举办秋季运动会了。艾薇是一名大一学生，她报名参加了3000米长跑比赛。当得知柔弱的艾薇要参加3000米长跑时，同学们都惊呆了。要知道，艾薇可是个娇弱的女孩子，记得军训的时候，她还因为训练强度太大哭了好几次呢！难道短短的一个月，艾薇就变得坚强了？

原来，艾薇因为军训的时候哭鼻子，被同学们嘲笑了好几次。这次运动会，她决定要改变自己在同学们心目中的形象，变成一个铿锵有力的女子，不让大家都觉得她只是一个爱哭的女孩。从开学之初，艾薇每天都早早起床，在同学们还在酣睡的时候，她已经在操场上跑了好几圈了。为了增强体质，艾薇也不再减肥，而是每顿饭都刻意多吃一些。一个月过去，艾薇的体重增加了六斤，体力也明显变好了。艾薇很自信，只要继续锻炼一个月，她虽然未必能够在3000米长跑中获得名次，但是跑完全程肯定没问题。

转眼之间，秋季运动会如期召开。在同学们的鼓励声中，艾薇走上跑道。比赛开始，一圈，一圈，又一圈。突然，艾薇脚下一软，摔倒了。同学们发出惊呼声，艾薇却站起来，继续往前跑去。虽然膝盖在流血，但是艾薇的脸上始终带着微笑。最终，艾薇坚持跑完了全程，还获得了第三名的好成绩。同学们都难以置信地看着艾薇，艾薇却笑着说："从今以后，大家都对我刮目相看吧！"

娇柔的艾薇，在摔倒的情况下坚持跑完3000米，还获得了第三名的好成绩。对她来说，最重要的不是获得第三名，而是完成了对自己的突破，坚持跑完了全程，这就是坚持的力量。艾薇如果没有坚持每天晨起锻炼，别说3000米了，只怕1000米都很难坚持跑完。很多时候，我们只要一次又一次地坚持，就一定能够看到自己的改变和质的飞跃。

女孩们，要想走向成功，从现在开始，就要像艾薇一样，坚持不懈，不轻言放弃，从而勇敢地改变自己。相信自己，你的力量是无穷的！

专注力，是女孩最好的品质

何为专注？顾名思义，指的是做一件事情的时候非常专心致志，不为外界所干扰，集中所有的精力和注意力。毫无疑问，从孩童时代，我们就非常需要专注的能力。实际上，专注能力是需要培养的。让孩子参与一些需要精细动作的游戏，或者是需要长时间集中注意力才能完成的事情，时间长了，孩子的专注能力就会得到提升。需要注意的是，很多时候，当孩子集中注意正在完成一件事情的时候，父母若要求孩子中止，去做其他的事情，这种情况下，孩子的专注能力就会被破坏。

现代社会对女性提出了更高的要求。作为女孩子，早在读书的时代，就应该从各个方面提升自己的能力，以适应社会和生活的需要。其中，女孩尤其要培养自己的专注能力。在大学校园里，最美的风景就是那些或者坐在图书馆里或者坐在林荫树下读书的女孩，还有那些专注地演奏乐器，或是在跑道上专心致志跑800米的女孩，她们都是专注而又美丽的。她们通过真诚和自然的行为赢得他人的尊重和赞赏，这比刻意表现更能获得他人发自内心的肯定。所以，女孩们，你如果想真正得到他人的认可，实现自身的价值，那么就应该学会专注地学习、做事。当你凝心静气地沉浸于自己的世界里时，一定有无数双眼睛在看着你，也有很多敬佩你的人在心里默默地说：这个女孩真独特，看起来真美！

你如果不曾专注地做一件事情，就无法体会到专注的巨大力量。专注可以最大限度地激发人们的潜力，使人把自己的潜力发挥到极致。这样的感受，只有真正专注的人才能体验到。如果你面对一件很难的事情，不要畏缩和怯懦，集中所有精力去解决。沉浸在思考以寻找解决办法中的你，甚至会完全忘记了自己的存在。关于专注的力量，早在两千多年前，荀子就在《劝学》中写道："故不积跬步，无以至千里；不积小流，无以成江海。骐骥一跃，不能十步；驽马十驾，功在不舍。锲而舍之，朽木不折；锲而不舍，金石可镂。"这段话的意思就是，做事情要专注，要坚持不懈，积少成多，持之以恒。唯有如此，才能获得成功。女孩们都知道龟兔赛跑的故事，在这个故事中，兔子仗着自己跑得快，丝毫不把乌龟放在眼里。它很快就跑到了慢吞吞的乌龟前面，甚至完全有时间惬意地躺在树底下睡一觉。乌龟呢？它并没有因为自己跑得慢就放弃比赛，眼见着兔子一下子跑得无影无踪，它还慢吞吞地、一步步地往前爬。它很专注，它知道只要自己不停下来，就肯定能够到达终点。最终，乌龟赢得了比赛。在人群之中，天资聪明的人不在少数，然而，细心的人会发现，成功的人未必是这些天资聪明的人，相反，是那些天资平平但富有坚持和专注精神的人，最终获得了成功。这些人也像乌龟一样，在漫长的赛道上非常专注，凭借着顽强的毅力最终获得了骄人的成就。

案例一：

　　小时候，牛顿是个很普通的孩子，他并不比其他人聪明，也并没有特殊的技能。不过，他特别勤奋，无论是学习还是从事研究工作，他都沉浸其中，甚至完全忘记了自己。有一次，为了进行一个难度很大的实验，他连续几个星期待在实验室里。因为沉浸在实验之中，饥肠辘辘的他浑然不知把手表放进锅里煮，他还以为手表是鸡蛋呢！还有一次，朋友来拜访他，他正在做实验，便让朋友在客厅等待。直到仆人把饭做好了，他还没有出来和朋友见面。朋友左等右等，不见他出来，便自己坐在餐桌旁吃了起来。吃完之后很久，他还是没出来，朋友就回家了。直到做完实验，牛顿感到肚子很饿，就来到餐厅吃饭。看到桌子上的饭菜都被吃得所剩无几，牛顿拍拍脑袋，笑着说："哈哈，原来我已经吃完饭了，我居然又来吃饭！"说完，他不再理会饿得咕咕叫的肚子，便又一头钻进了实验室，直到晚餐时间也没出来。

案例二：

　　王羲之是东晋时期著名的书法家，人称"书圣"。王羲之从小就苦练书法，因为天资聪颖，再加上勤学苦练，所以他7岁的时候，字就写得很好了。即便如此，他从未骄傲，依然坚持苦练。读书识字之后，王羲之按照《笔说》中的方法，每天起早贪黑，废寝忘食地练习。有一次，仆人把馒头和蒜泥送到书房，催促了几次，王羲之依然埋头练字。无奈之下，仆人把王羲之的母亲请到书房，让母亲劝说王羲之吃饭。母亲来到书房一看，王羲之眼睛盯着字帖，一只手里正拿着一块黑乎乎的馒头往嘴巴里送，嘴唇上也是乌黑乌黑的。原来，王羲之只顾着练字，不知不觉间，把墨汁当成蒜泥，蘸着馒头吃了。见此情形，母亲哈哈大笑。王羲之不知所以，笑着对母亲说："母亲大人，今天的蒜泥真香啊！"正是因为有这样专注于练字的精神和毅力，王羲之才能博得"书圣"的美名。

　　牛顿和王羲之的成功都不是因为天资的聪颖，而是因为专注和坚持的力量。我们虽然未必能够成为像牛顿一样的大科学家，也不一定能够成为像王羲之一样的书法家，但是如果做人做事都能够多一些专注，就能够多一些成功的机会。

　　女孩们，不管做什么事情都要专注，唯有专注的你，才是最美丽的！

善良，是孩子受益一生的优秀品质

英国有句谚语："赠人玫瑰，手有余香。"从字面就不难理解其意思：哪怕只是赠送给别人一枝微不足道的玫瑰，也会给受赠者的心里带来美好的感受。当然，赠送的人也会感到非常美好。后来，人们常常以此来比喻对他人微不足道的帮助，虽然很小，但是能给人美好的感受和体验。的确，生活中没有那么多的轰轰烈烈，很多时候，恰恰是这些点点滴滴的小事，给予我们最美好的情感体验。在生活中，有谁不需要别人的帮助就能活得很好呢？恐怕没有人能摆脱别人独自生活。既然如此，我们就应该学会友善地对待身边的人，不管他们是我们的亲戚朋友，还是同事同学，抑或是毫不相干的陌生人，我们都需要友爱地对待他们，唯有如此，我们的心里才会充满爱和感恩。有人说，人心就像是一面镜子。你看到什么，是因为你的心里住着什么。所以，女孩们，我们应该学会让自己的心里长满玫瑰，在愉悦自己的同时，也给别人带来芬芳和美好。

人活着本来就很艰难，人们常说，人生不如意十之八九，这句话一点儿都没错。既然生活本就艰难，我们就应该学会创造生活的美好。很多时候，在付出时享受的愉悦和满足，就是最珍贵的回报。因此，为人处事千万不要斤斤计较，只有拥有博大的胸怀，才能更加豁达地付出和施予。

案例一：

很久以前，有个小男孩孤苦伶仃地生活在镇上。小男孩从小就失去了父母，无依无靠，跟随年迈的爷爷奶奶一起生活。爷爷奶奶根本没有钱供小男孩读书，所以，小男孩一放假就挨家挨户推销产品，为自己积攒学费。这个寒假，小男孩一天也没有闲着。他每天都在走家串户地推销，今天还下起了鹅毛大雪，小男孩又冷又饿，却毫无收获。

他艰难地在雪地里行走，来到一户人家的门前。他鼓起勇气敲开门，站在他眼前的是一位年轻漂亮的女孩。小男孩喏嚅着不知道该说什么，许久才问："您好，女士，请问可以给我一杯热水吗？"女孩从小男孩的脸上看出来他饥寒交迫，和善地说："你稍等会儿。"说完，女孩转身走回屋内。没过多久，女孩就端着满满一大杯热牛奶回来了。小男孩小口小口地喝着牛奶，感受着牛奶的温度。喝完之后，他满脸通红地问："请问，我应该付您多少钱？"女孩笑了笑说："你不用付钱。奶奶告诉我，赠人玫瑰，手有余香。"小男孩冲着女孩连声说谢谢，他觉得自己充满了力量。

若干年过去，这个小男孩成为了一名赫赫有名的医生。一天，他在厚厚的病历中看到一个女孩的名字，那个女孩来自他的家乡。突然之间，他想起了那杯牛奶，心中涌起异样的感觉。他冲到病房，看到了躺在病床上奄奄一息的女孩，于是马上为她制订了最佳的治疗方案。一个月之后，女孩接到了出院通知，心里暗暗发愁：我如何支付昂贵的治疗费用呢？只怕倾家荡产，也不够呀！然而，当她看到缴费通知单时，却发现费用已经结清了，在缴费人那一栏，赫然写着："一杯牛奶。霍华德·凯利医生。"

案例二：

很久以前，有个盲人每天晚上都去小区附近的花园里散步。邻居很惊讶，因为这个盲人的眼睛连一丝光都看不到，但是他每次不管是下楼还是上楼，都会提着一盏明亮的手提灯。有一次，邻居终于按捺不住，问他："您的眼睛看不见，为何还要点灯呢？"盲人平静地说："我虽然看不见，但是我点着灯，别人能看见我。我为别人照亮了路，别人也看见了我，不至于撞到我的身上。"

多年前,女孩的一杯牛奶温暖了男孩的心灵,让他在大雪纷飞的冬日,找到了人生的温暖和方向。多年以后,已经成为医生的男孩救了女孩的命。在第二个案例中,盲人虽然自己什么也看不见,但是点着灯却给别人照亮了路,也正因为如此,别人才不会撞到他的身上。很多时候,我们帮助别人,给别人以方便,其实就是在给自己的人生行方便。在生活中,我们一个举手之劳的善举,也许就会改变别人的一生。

人的一生,不可能一帆风顺。在别人有需要的时候,力所能及地帮助别人,往往也会给我们自己带来意外的惊喜。宅心仁厚的人,常常也会被他人厚待。"送人玫瑰,手有余香",是获得幸福人生的秘诀。

诚实守信，让女孩更加自律

中国有着上下五千年的悠久历史，其文化博大精深。祖先们给我们留下了很多祖训，其中，"诚信是为人之本"这句话广为流传。自古以来，我们的祖先们就非常讲究诚信。在古代社会，社会机制发展得不够完善，人们的很多言语行为是靠着诚信去约束和规范的。社会发展到现代，诚信机制越来越完善。我们如果从银行借款逾期不还，就会在整个银行系统的诚信档案里留下不光彩的一笔，次数多了，还会被银行拉入黑名单，再需要向银行借款，银行就会拒绝。在大城市生活的人们都知道，买房买车都需要向银行贷款，所以，一旦被拉入黑名单，就会严重影响我们的生活。如今，随着诚信制度的日渐完善和细化，包括乘坐公交车或者地铁逃票，也都将纳入诚信系统，影响我们以后生活的很多方面。失去诚信还会影响我们的信誉。例如，你口头答应某人做好某件事情，结果你没有兑现自己的诺言，那么时间长了，大家都会知道你是一个不讲信用的人，也自然不会相信你的话了。就像"狼来了"的故事。在故事中，放羊的孩子一次次撒谎，说狼来了。刚开始的时候，大家还相信他的话，纷纷跑过去救他，但是三番五次之后，大家再也不相信他的话。等到狼真的来了，没有任何人赶过去救他。故事虽然很简单，但是揭示的道理非常深刻。我们应该像爱惜自己的眼睛一样爱惜自己的信誉，否则，一旦失信于人，你就失去了所有人对你的信任。

关于诚信，郝伯特曾说："失掉信用的人，在这个世界上已经死了。"这句话虽然听起来骇人听闻，实际上却毫不夸张。人是群居动物，在社会上生存，没有任何人能够脱离其他的群体而独自存在、独自生活。所以，对于失去诚信的人来说，相当于失去了所有人的信任。那么，当他需要别人配合或者帮助的时候，还有谁会伸出援助之手呢？

每个人都需要诚信，包括女孩。诚信的人往往能够勇敢地承担起自己的责任，不推诿、不狡辩。这样的女孩在生活和工作中都是很受欢迎的。试想，如果大家知道一个女孩一旦遇到事情就会逃避，把责任交给别人承担，大家还会愿意和她交往吗？失去诚信，不但不敢承担责任，还会失去友谊，失去每个人的信任和帮助。由此可见，后果多么严重。讲究诚信虽然有的时候需要我们付出极大的代价，但是也会给我们带来无形的财富。你信守诺言的名誉，你一诺千金的人品，会让你的身边簇拥着很多朋友，同时也会使你的人生得道多助。

公元前361年，秦国的新君秦孝公登上王位。为了招纳贤才，他下令号召有才之士去秦国做官。商鞅在卫国始终未得到重任，得知这个消息后也赶到秦国，在别人的引荐下见到了秦孝公。商鞅面对秦孝公侃侃而谈，阐述了自己的治国见解，他尤其强调要改革，而且要赏罚分明。秦孝公很认可商鞅，但是当时秦国的大臣和贵族都不主张改革，生怕损害他们的利益。因为担心贵族和大臣造反，商鞅只得暂时不改革。两年之后，秦孝公王位稳固，给予商鞅很大的权力主持改革。

商鞅得令后，当即开始起草改革的法令。为了树立威信，他并没有先颁布新法令，而是先让人扛了一根三丈高的木头竖立在南门。百姓们不知道商鞅想干什么，纷纷围观。商鞅告诉大家："谁能把这根木头扛到北门，就赏十两黄金。"人们一传十，十传百，很快，越来越多的人聚到南门口。人们窃窃私语："怎么可能赏十两黄金呢，肯定是拿我们百姓寻开心的！"大家说什么的都有，就是没有人真的去扛木头。眼看着人越来越多，却不相信他，商鞅把赏钱提高到五十两黄金。出人意料的是，赏金越高，人们越不相信。过了很久，人群中站出来一个人，他一边扛起木头往北门走，一边说："哎，我就试试吧，管它真的假的呢！"这个人刚把木头扛到北门，商鞅就派人送给他五十两黄金，一文不少。

看到商鞅真的赏了扛木头的人五十两黄金，人群瞬间沸腾了。在短短的时间内，人们口耳相传，很快，全国人民都知道商鞅是个一诺千金的人。眼看着时机已到，商鞅马上下令公布新法令。新法令赏罚分明，由于商鞅在颁布法令之前先立木取信，在全国树立了很大的威信，所以大家都不敢无视新法令。就这样，新法令推行得非常顺利。新法令颁布后，因为赏罚分明，百姓无一不服，很快，秦国的国力就强盛起来。

商鞅非常聪明，在颁布新法令之前，先以扛木头的事情树立了自己的威信，得到了百姓的信服。所以，新法令颁布之后，其规定的赏罚措施才能顺利推行。自从立木取信事件之后，商鞅无疑成了百姓心目中一诺千金的大官。

在生活中，我们虽然很普通，但依然要凭借诚信立世。只有作为一个诚信之人，别人才会重视我们的话，与我们更好地配合与合作。所以，女孩们要坚持诚信，做一个一诺千金的女子。

第 04 章

懵懂青春，不断自我探索与成长

成长，是每个人都需要面对的头等大事。不管是否愿意，我们都这样无可抗拒地长大了。今天的你，回想十年前的你，或许是个呱呱坠地的婴儿，或许是个刚刚懵懂知事的孩童，都是那么弱小和无助。时光荏苒，现在已经有了自己的思想和喜好，有了自己的梦想和追求，已经渐渐独立于父母的你，应该如何面对未来呢？只有做好准备，我们才能无所畏惧。

成长，是痛哭之后继续微笑前行

在追寻梦想的路上，每个人都会遭受困难和挫折。面对这些不期而至的坎坷，有的人能够坦然面对、百折不挠，有的人却黯然放弃、绕道前行，还有的人，一遇到困难就知难而退了。而成功者基本都是迎难而上的。在成长的道路上，我们会遭受很多磨难。因为青春年少，我们不懂的东西很多，都需要学习。所以，每个年轻人都在人生之路上摸索着前行，最终能够走向成功的，是那些不轻言放弃的人。在生活中，很多孩子抱怨学习压力大，读书伤脑筋。其实，人的脑袋是越用越灵活的，不用才会渐渐生锈。在少年时期，正是我们长身体、发展智力的最佳时期，只有好好学习，才能为人生的未来之路打下坚实的基础。同样的，除了学习之外，我们还要树立正确的人生观、价值观，为自己的人生指引方向。

在成长的过程中，很多小伙伴曾经哭过、笑过。和男孩相比，女孩往往更加脆弱。现代社会要求女孩变得坚强，既然如此，就微笑着长大吧。

晓娜是一名六年级学生，非常擅长写作。有一次，学校派她参加县里的作文比赛，原本晓娜是胜券在握的，但因为一个错别字，她屈居第二。对此，晓娜非常伤心。她懊悔地说："这个字我本来是会写的，就因为粗心，多写了一笔。"老师安慰晓娜："晓娜，没关系，你已经表现得很好了。错别字的情况虽然的确不应该出现，但是，对你以后也是有好处的。老师相信，你以后一定不会再轻易写错别字了，对吧？"听了老师的话，晓娜伤心地哭了起来。她一边哭一边说："老师，我怎么会再写错别字呢？不会写的字，即使用其他词语代替，我也不会冒险写出来了。这次的错别字付出的代价太大了，我真的非常后悔。"老师拍拍晓娜的肩膀，笑着对晓娜说："晓娜，这就是成长啊。进步，总是在犯错之后。所以，你哭也哭过了，接下来就擦干眼泪，笑着面对以后的比赛吧！"晓娜点了点头。

在我们成长的过程中，总会伴随各种不如意。晓娜因为一个错别字，失去了第一名。在哭过之后，她一定成长得更快。

没有任何人的成长是一帆风顺的，成长中遭受磨难是正常的。我们只有擦干泪水，勇往直前，才能守得云开见月明。女孩们，做好准备了吗？成长，是每个人都必须面对的。

女孩到女人的蜕变就是青春

十几岁的少女,正值青春发育期,不管是生理还是心理,都处在快速发育之中。生长发育是自然的生理现象,我们应该正确面对,没有什么不好意思的。下面,就让我们一起来了解青春发育的自然规律,只有掌握这些规律,你才能坦然面对自己身体的变化,满怀喜悦地迎接自己从女孩到女人的蜕变。

从生理的角度来说,青春发育期是一个过渡时期。孩子经历童年期之后,经过青春发育期进入成年期。胎儿时期,内外生殖器官就已经具备,不过,在幼童时期,这些器官处于静止状态。到了青春发育期,它们才会快速成长,直至成熟。在这个阶段,女孩不但要面临生理方面的巨大改变,还要面临心理上的改变。

在9~12岁,大多数女孩的第二性征开始发育。她们原本平坦的胸部渐渐隆起,就像小小的馒头。这个时候,很多女孩非常羞涩,会穿紧身衣,把胸部裹起来。其实,这样对于胸部的发育是非常不利的。正确的做法是穿松紧适度的胸衣,给胸部一定的托举,让其更好地成长。与此同时,女孩们的腋窝和外阴也开始生长毛发,由稀疏渐渐变得浓密。很多女孩为了爱美,会把腋窝的毛发剃光,这样做会损伤毛囊,不利于身体挥发汗液。另外,这个时期,女孩的身高增长很快,在短短几年时间里,有可能增长25厘米左右。而且,女孩的体态变得匀称,胸部和臀部都会有脂肪的沉积,形成女性特有的体态。这是女性之美,要坦然接受。

从女孩到女人,标志性的改变大约出现在十二三岁。这个时期,大多数女孩都会迎来月经初潮。这标志着女孩发育成为成熟的女性，自此开始排卵，具备生育的能力。对于初潮的到来，很多女孩措手不及，她们或者正处于小学高年级，或者正处于初中低年级。从此之后，月经会伴随女性几十年的时间，直到五六十岁的时候绝经。所以，女孩们应该调整自己的心态，千万不要觉得月经是一件很麻烦的事情。相反，没有月经的女性往往更加苦恼，因为这意味着她们没有机会成为母亲。现在，有很多帮助女性度过经期的产品，女孩一旦迎接初潮的到来，就应该为自己选择合理的经期护理用品，更加注意个人卫生。

随着生理的成熟，女孩在心理方面也发生改变。她们渐渐变成羞涩的小姑娘，开始关注异性和两性之间的关系。人们常说的情窦初开，往往发生在12岁左右。到了十五六岁，女孩们越来越渴望独立的人格和自由的行为。她们觉得自己已经是大人了，要求得到父母平等的对待和尊重，也希望能自己选择朋友、独立解决问题，甚至开始偷偷地喜欢一个人。其实，这个时期的成熟是很不稳定的，很容易受到外界的影响。女孩们之所以以为自己已经长大，是因为没有意识到自己的不成熟。在这个时期，遇到问题的时候一定要多请教父母、师长或其他人，不要任性而为。对于异性，可以喜欢，却不能冲动地做出让自己后悔的事情。青春期，也是智力快速发展的时期，学习是首要任务。要想拥有美好的未来，女孩就要多花费时间和精力用于学习，提升自己的能力。

六年级时的一天，珠珠在上课时突然觉得腹痛难忍。她不敢向老师报告，只好用两只手紧紧地捂着肚子，趴在桌子上。直到下课，她赶紧往厕所跑。然而，到了厕所之后，她发现自己并没有像预想的那样拉肚子。在厕所蹲了一会儿之后，她觉得肚子好像没那么疼了。

放学回家之后，珠珠告诉妈妈肚子疼，妈妈带她去了医院。医生看了之后，笑着对妈妈说："没关系，她这是在走向成熟了，所以肚子疼。你可以简单告诉她初潮的事情，可能最近就要迎接初潮了。"珠珠在一旁根本没听懂医生在和妈妈说什么。回家之后，妈妈拿出几片卫生巾，让珠珠放在书包里，并且告诉珠珠卫生巾的用法。听说自己会流很多血，珠珠担心极了。她惊恐地问："妈妈，流血太多会死吗？"妈妈笑着说："不会的。你知道吗，只有来月经的女性长大之后才能有资格成为母亲。"听了妈妈的话，珠珠不再恐慌，反而有些高兴。她暗暗想道：嗯，我长大啦！

果不其然，第二天，珠珠迎来了初潮。因为之前妈妈已经详细告诉过她如何应对，所以她从容地去卫生间使用起了卫生巾。

如果不是妈妈及时带珠珠去看医生，并且在医生的嘱咐下告诉珠珠初潮的真相，只怕珠珠会吓哭呢！女孩们，你们是否也已经做好准备，迎接初潮的到来了呢？初潮是女孩的成人礼，我们应该满怀喜悦地迎接它，而不要盲目地担忧害怕。

女孩到女人的蜕变，有很多细微的方面。除了本文所说的外，需要注意的事项还有很多。女孩们应该多多留心自己身体的变化，有疑惑不解的地方，多和妈妈或者女性老师沟通，这样才能从容度过青春期。

女孩，你就是独一无二的自己

人们都希望自己长得漂亮、英俊，拥有很高的学识，有理想的事业和美满的家庭。一些人通过努力，能够把愿景变成现实，也有些人只能不断地行走在实现愿景的漫漫长路上。

每个女孩都是一朵美丽的花，从鼓出花苞到渐渐绽放，需要漫长的过程，需要付出很多的努力与坚持。每个女孩都是最独特的个体，都是不可复制的，这种美丽得天独厚，发乎自然，绝不虚假和造作。所以，每个女孩都应该活出最真实的自己，不必艳羡他人，唯有真实，才能搭配这种天然纯洁的美丽。

浩浩是一名初三学生，最近，她原本在班级里遥遥领先的成绩一落千丈，变成了中等生。对此，妈妈非常担心，特意读了很多关于青春期少女的书籍，还咨询了心理老师。通过和浩浩的一番深谈，妈妈终于知道了浩浩的苦恼。原来，浩浩进入青春期之后，一直觉得自己太矮了。最近，她们班里很多女孩喜欢学校篮球队里的一个男孩，那个男孩高高瘦瘦的，非常帅气。然而，几个女孩在一起说起这个男孩的时候，其他女孩都鄙夷地看着浩浩，说她长得矮，和男孩不相配。浩浩听了不由得暗暗恨自己：我为什么这么矮呢！我为什么不能再长高点儿呢？就这样，她每天都在想着如何能够长高，连上课都三心二意。她听人说跳绳能够长高，每天放学之后连作业都没心思写了，总是找个没人的地方跳绳。如此一来，浩浩的学习成绩在很短的时间内就下降了许多。

后来，妈妈特意带着浩浩看了心理医生。心理医生开导浩浩："浩浩，个高有高的好处，身材娇小也有娇小的好处。你的当务之急是好好学习，只有充实自己，让自己掌握真本事，你才可能变强大。你知道吗？真正的强大不是身体上的强大，而是精神上的强大。我再告诉你吧，其实，你看看我，身材也很矮小，但是我老公足足有一米八五呢！你知道吗，他说他就是喜欢身材娇小的女生。只要你做好自己，喜欢你的人就会出现。"说完，心理医生还把自己的婚纱照找出来给浩浩看了看。

听了心理医生的话，浩浩心里舒服多了。她不再顾虑自己的身高，而是每天都全心全意地学习。浩浩重新变得乐观开朗，她虽然跑步不占优势，但是游泳却是班里最好的。她依然和其他女生在学习之余去给篮球队当啦啦队，因为她知道，她丝毫不比其他女生差。她只需要做好自己。

每个女孩都有优势和劣势。就像事例中的浩浩，虽然因为腿长的局限，在跑步上不占优势，但是她却很擅长游泳，是班级里游泳最出色的。相信有很多女孩和浩浩一样，对自己的某些方面不太满意，甚至因此而担心会不会有人喜欢自己。其实，每个人的欣赏眼光是不一样的，所以每个人喜欢的人或者物也不一样。遇到这样的情况，最好的办法不是盲目地改变，而是鼓起勇气，做最好的自己。

作为女孩子，一定要有自信，要相信自己的优秀和独特。东施效颦只会惹人发笑。而个性独立、有特点的女孩子，会发挥自己的天然优势，让自己变得更受欢迎。你，就是你，无须改变，无须逢迎，你，只需要做最好的自己。

女孩，请让自己变得坚强

生活中，娇滴滴的女孩很常见，她们动不动就大惊小怪、大呼小叫，好像已经被吓破了胆。也许有很多女孩觉得这样才能表现女性的柔美，其实，现代社会中的优秀女性都是刚柔并济的，而不是软弱的和不堪一击的。试想，我们的妈妈每天不但要工作，还要操持家庭，当爸爸不在家时，妈妈甚至要独自扛起煤气罐和几十斤重的米面粮油。如果和我们一样娇滴滴的，摘菜的时候看到虫子就大喊大叫，切菜的时候不小心切掉一块指甲就嚎啕大哭，遇到爸爸不在家的时候就任由家里没火做饭，那么，妈妈还怎么照顾我们、照顾家庭呢？女孩们，如果在成长的过程中就弱不禁风，长大以后更不可能扛起生活的重担，不可能和未来的另一半一起为家撑起晴空。

人们常说，人生不如意十之八九。面对生活的坎坷和挫折，每个人都应该学会坚强，尤其是女孩子，更要坚强。向来，女性都被视为社会的弱势群体。遇到绅士，绅士会礼让和照顾弱者。如果遇到心术不正的人，他们只会欺负弱者。所以，一旦女孩被认为是弱者，就会受到很多坏人的欺负。既然如此，我们为什么还要伪装脆弱呢？即使真的脆弱，也要让自己坚强起来。坚强的女孩自立自强，也因此而备受尊重。如果把坚强变成本色，女孩的生存空间就会更加广阔。

在小学升初中的考试中，倩倩失利了。原本，以她的能力，完全可以考进县重点中学。也许是因为考试的时候身体不舒服，倩倩发挥得很不好，最终以两分之差，与重点中学失之交臂。这两分，在当时重点中学的录取条件下，需要缴纳两万元赞助费才能弥补。原本，父母准备拿出省吃俭用的两万块钱，把倩倩送到重点中学。然而，倩倩很懂事，她说："爸爸，妈妈，没关系，我就去二中读书吧。虽然二中没有重点中学好，但是只要我认真学习，我相信老师的教学水平都是一样的。能不能考上好高中、好大学，最重要的在于我自己。你们放心吧，我一定好好学习，不会让你们失望的。"爸爸一心想要花钱把倩倩送入重点中学，倩倩却很执拗，坚决不浪费父母的钱。就这样，她进了二中。

读初中之后，倩倩的学习成绩在班级里遥遥领先。虽然很多考试不如她的同学花钱进了重点中学，但是倩倩非常坦然。她很坚强，没有觉得在那些同学面前抬不起头，相反，她总是说："人生的路都是自己走出来的。我没考好也不丢人，后面好好学习，等到高考的时候扭转局势就好。"初中三年，倩倩一天都没有放松。她每天都早早起床读书，晚上下了晚自习，还要学习到很晚才睡。转眼间，倩倩读初三了。在一次模拟考试中，倩倩再次失利，虽然在全年级名列前茅，但是距离重点高中的分数线相差十几分。她毫不气馁，越挫越勇。

中考，倩倩金榜题名，顺利考入重点高中。直到此刻，倩倩心里才真正松了一口气，她如释重负地对父母说："爸爸妈妈，今天我真开心。三年前考试失误的错误，直到今天，我才弥补。让你们等得太久了，你们放心吧！"有这样的女儿，父母乐得合不拢嘴。他们最高兴的不是倩倩顺利考入重点高中，而是倩倩的努力拼搏和有担当。他们相信，这么坚强的女儿，即使遇到再大的风雨，也一定能坦然面对。

事例中的倩倩非常让人敬佩。正值青春年少，原本可以度过美好的少年时光，倩倩却一直坚强地背负起自己的责任，直到顺利考入重点高中，她才总算觉得对含辛茹苦的父母有了交代。人生就是这样，每个阶段都有需要背负的责任。面对这些不如意的事情，你是选择逃避，还是选择像倩倩一样坚强面对？

电视剧《俺娘田小草》中的田小草，也是一个非常值得敬佩的女人。小草没有妈妈，弟弟从小生病，爸爸还是个赌棍。小草从小就是家里的顶梁柱，照顾弟弟，还要看着爸爸不去赌博。后来，她的丈夫去世，小叔子也因为抗洪救灾去世，她一个人不但要照顾婆婆，还要照顾两个年幼的孩子，同时也要惦记孤单的爸爸。即便如此，小草从未抱怨，总是尽心尽力地伺候婆婆。在没有多余钱的情况下，她把小叔子家的孩子送去读书，让自己的孩子干农活。这样的一个女人，让人油然而生敬佩之心。如果每个人都能像小草一样坚强，那么人生的路上，还有什么坎是迈不过去的呢！

管理好自己，是女孩顶级的自律

众所周知，这个世界上没有绝对的自由。即便如此，人们还是崇尚自由。正因为如此，世界上就有了永远的不可调和之矛盾，即规章制度和人的自由之间的矛盾。其实，一个人要想真正管理好自己，只靠规章制度是远远不够的。因为所有的规章制度都是被动地接受，而人对于被动接受的东西有着天生的抵触心理。所以，要想把自己管理好，最好的办法就是自我管理。所谓自我管理，就是自己对自己的管理。要想实现良好的自我管理，就要拥有坚强的毅力。人们常说，有志者立长志，无志者常立志。很多人在制定完自我管理的规范之后，也许连一天都执行不下去，就宣告作废。自我管理，最重要的就是要有持久性。很多事情，做一次并不值得称赞，也没有多大的难度，但是天长日久地坚持下去，就会有意想不到的效果。很多伟大的人就是因为有着优秀的自我管理能力，所以才变得与众不同。

举个最简单的例子，对于很多学龄孩子来说，早晨起床是一件很艰难的事情。很多孩子会规定自己早晨六点起床晨读，然而，第二天早晨就睡到七点半才起床。这样的事情，相信很多女孩也经历过。也许有些女孩在看到这里的时候，正捂着嘴巴窃笑呢！其实，这是人性的弱点。所谓管理，就是帮助我们战胜这些弱点。我们可以允许自己每周有一天或者两天睡懒觉，但是不能允许自己天天睡懒觉。生活如果一直都是休息，也就无所谓休息了，而是颓废。所以，生活应该是张弛有度、劳逸结合的。就像是糖，吃得多了也就不觉得甜了，必须是很长时间吃一块，才觉得甜蜜。生活的感觉是比较而来的，正是因为有比较，才有酸甜苦辣的区别。言归正传，在自我管理的时候，首先要相信自己有自我管理的能力。自信的人总是有着与众不同的魅力，只有自信的人，才能管好自己。一个人如果在自我管理的时候，自己都怀疑自己能不能遵守或者坚持，那么他一定无法坚持下去。唯独有着坚定的信念，相信自己一定能够管好自己，才能坚定不移地执行自我管理的规定，真正管好自己。

还有很多女孩依赖性很强，总觉得自己需要靠父母、学校的管理。其实，唯有成为自己的主人，才能主宰自己的人生。很多事情，我们无法永远依靠别人。早日独立，是为未来的人生之路打基础。纵观历史长河，大多数成功人士，都是自我管理能力很强的人。女孩要自立，首先从自我规划、自我管理做起。

案例一：

美国著名科学家爱迪生曾经说过："工作就是我的人生哲学。为了造福人类，我一定要揭示大自然的秘密。人生短暂，据我所知，以这样的方式服务人类是最好的。"自从立下远大的理想之后，爱迪生一生都奉行这条原则。爱迪生自幼家贫，只上了三个月的学就辍学了，但是他从未放弃过学习。他每天都会挤出时间自学，每天都只睡几个小时，最终在三十岁时发明了留声机。两年之后，爱迪生为整个世界带来了光明，他发明的电灯造福了千家万户。为了发明电灯，他进行了为期数年的实验，尝试了一千多种材料，才找到合适的灯丝。如果没有超强的自我管理能力，他是无法有卓越的成就的。

案例二：

读小学期间，浩浩是个自我管理能力很差的孩子。每天早晨，她都要在妈妈接二连三的催促声中才能起床，起床之后又因为困倦，磨磨蹭蹭，所以经常迟到。后来，妈妈想出一个办法，最终让浩浩变成了一个自我管理能力很强的孩子。原来，之前是妈妈为浩浩制定起床的时间，因此，浩浩总是觉得起床太早，很排斥起床。后来，妈妈让浩浩自己制定起床时间，并且承诺在自己制定起床时间的情况下，绝对不磨蹭、不迟到。浩浩很兴奋，当晚就把妈妈制定的六点半起床改为六点五十起床。第二天，闹铃一响，她一骨碌就爬起来了。起床之后，的确非常迅速地洗漱吃饭，和之前一样七点半准时到校。然而，如此三天之后，浩浩又开始赖床。这个时候，妈妈拿出浩浩自己立下的军令状："六点五十准时起床，坚决不迟到。如果再迟到，就没收三个月的零花钱。"看到军令状，睡眼惺忪的浩浩强打精神，穿衣起床。就这样，在坚持了一个多月之后，浩浩已然形成了生物钟，每天一到六点五十就自动醒来，再也不觉得起床难了。

后来，妈妈又用这种方法让浩浩制订了很多自我管理的条例，实行效果都很好。渐渐地，浩浩学会了自我管理，再也不用妈妈操心啦。

在上面的案例中，妈妈很聪明，她知道浩浩潜意识里很抵触妈妈制定的作息制度，所以给浩浩自主权，让浩浩自己制定作息制度，并且还让浩浩立下军令状，以督促浩浩坚决执行自己的自我管理制度。其实，很多事情一旦坚持一段时间就不成为难题了，浩浩在坚持一段时间之后形成了生物钟，起床再也不困难。

生活中，我们也可以用这种方法进行自我管理。当然，我们也要像浩浩一样相信自己一定能够坚决执行自我管理的方案，并且将其变成一种习惯。人们常说，性格决定命运，其实，习惯在很大程度上决定了我们的人生。好的习惯，能够成就我们的人生；良好的自我管理能力，能帮我们养成好习惯、帮我们迈向成功。

独自面对成长，是必需的生活态度

每个人从呱呱坠地开始，就在父母的疼爱和呵护下长大。当我们还是小婴儿的时候，还不会说话、不会用语言表达自己的心意，所以我们只能哭或者笑。即便是如此简单的语言，父母也能从我们声调的变化中体察我们的内心，饿了喂我们吃饭，渴了给我们喝水，还要帮我们洗洗刷刷。有的时候，我们觉得身体不舒服，父母也会根据我们的哭声猜测，帮助我们减轻痛苦。那个时候，父母最喜欢看到我们的笑容，那说明我们没有任何地方是不舒适的。后来，我们渐渐长大，在父母的保护下，我们第一次独立行走。虽然磕磕碰碰，但是始终有父母的陪伴。每个人都有无数的第一次，比如，第一次吃饭、第一次说话、第一次独立行走、第一次独立面对黑暗、第一次上学、第一次唱歌、第一次跳舞……这些第一次，莫不浸透了父母的心血。随着这些第一次的到来，我们从完全依赖父母，到逐渐脱离父母，直至彻底脱离父母。父母虽然很爱我们，恨不得代替我们尝尽生活的一切苦楚，而把所有的甘甜留给我们，但是他们终究无法取代我们。生活中的很多困难和坎坷，我们必须独自去面对。例如，第一次考试失败、第一次遭到误解、第一次离开家远行、第一次在工作中遇到挫折……人生之中，还有很多的第一次，是爱子爱女心切的父母无法取代的。很多事情，我们只有亲自去经历，才会获得成长。成长，终究要摆脱父母的羽翼，逼迫我们独自面对。

在成长的过程中，我们需要面对的事情有很多。有人说，人生就是不断接受改变的过程，我想说，人生就是在接受改变的过程中不断成长。我们积累的经验不断地被颠覆,随着阅历的丰富,我们才能真正成长起来。几年前,有大学生背着需要照顾的父母去读大学,却很少听说父母因为孩子离不开自己的照顾而陪伴着去读大学。归根结底,父母也知道成长无法取代。就像鸟儿终究要脱离鸟妈妈的羽翼,我们也一样要脱离父母的照顾,独自经历风雨。在生活中,大多数女孩都是在父母的疼惜中长大的。然而,一旦步入社会,没有人会因为你是女孩而特别优待你,因为社会上的每个人都是平等的。如今,还有很多用人单位在招聘的时候存在性别歧视,让很多女性朋友愤愤不平。其实,要想得到公正的待遇,很简单,那就是展示自己的能力给别人看。现代社会,男女平等,不管是在生活中还是在学习上,抑或是在工作中,女孩都要努力拼搏,才能展示最佳实力的自己。此外,成长过程中还有很多问题需要独立面对,所以女孩应该从小培养自己的独立能力。对于成长过程中遇到的问题,在求助于师长、父母和伙伴的同时,也应该学会独自面对。

浩浩最近特别苦恼,原因是她的好朋友冷落了她。原来,浩浩和锦川是同桌,又是好朋友。她们俩每天一起上学,一起放学,每到周末还会一起去游玩,好得就像一个人似的。但是最近,锦川突然和珍珍的关系近了起来。看到锦川天天和珍珍同进同出,孤单的浩浩心里很难受。有的时候,她也会和锦川、珍珍一起玩耍。然而,看到锦川和珍珍走得近,她渐渐地就疏远了她们。

有一天,浩浩按捺不住,问锦川:"锦川,为什么你最近不和我当好朋友了呢?"锦川纳闷儿地说:"没有哇,我觉得咱们还和以前一样啊!"浩浩撇撇嘴,委屈地说:"你现在和珍珍是好朋友,你已经很久都不理我了!"锦川笑着说:"浩浩,你可想多了呀。我和你、珍珍都是好朋友。我觉得,之前咱们两个人一起玩太寂寞了,现在多好,珍珍也和咱们一起玩,三个人多么热闹哇!"浩浩听了锦川的话,失望地说:"好朋友怎么能有三个人呢?三个人在一起,肯定会有远有近的。以前,我们两个人一起玩多好。我们总是形影不离,连老师都知道我们是好朋友呢!"

浩浩把自己的苦恼告诉了妈妈，妈妈想的也和锦川一样，觉得朋友越多越好，浩浩还是不理解。妈妈苦口婆心地说："浩浩，朋友之间应该包容。虽然你觉得两个人当好朋友最好，但是锦川也有权利选择自己的朋友。锦川既想和你当朋友，也想和珍珍当朋友，你就应该尊重她。你不能因为锦川和珍珍也成了朋友，就不理锦川，否则你就一个朋友也没有了。你知道吗，人生的很多快乐是从朋友那里得到的。妈妈觉得，你也可以寻找更多的好朋友加入你们的队伍，这样你一定会更加快乐。"

浩浩郁郁寡欢好几天，终于想明白了这件事情。如今的浩浩，不但和锦川、珍珍是好朋友，还结交了好几个朋友呢。她现在常常说："朋友不是占有，而是分享。分享可以让快乐成倍增加！"

案例中的浩浩已经习惯了和锦川形影不离的日子，所以当锦川和珍珍也成为好朋友后，她的心里变得很排斥。在和浩浩沟通之后，妈妈也很好地开导了她。她在寻求帮助之后，有几天时间一直独自面对这个问题，让自己变得更加包容和友爱，最终接受了珍珍。成长之后的浩浩，后来也结交了好几个朋友，让她好朋友的队伍越来越壮大，她一定感受到了快乐。

在浩浩遇到问题的时候，虽然锦川和妈妈都给予了一定的理解和宽慰，但是还是需要浩浩独自去面对这个问题。最终，浩浩想明白了，也获得了成长。女孩们，在成长的过程中，你是不是也时常遇到困惑和不解呢？身边的亲人朋友，即使是和我们毫无嫌隙的妈妈，虽然可以开导我们，但是最终想明白一个问题，还是要靠我们自身的努力。所以，当遇到问题的时候，一定要及时开解自己！

拥有充实的人生，实现自己的梦想

生活中，人们都需要安全感。有安全感的人面色平和，内心是沉稳的，不会惊慌失措。与此相反，没有安全感的人则如丧家之犬，总是觉得生活岌岌可危。有安全感的人对人往往比较和善宽容，而没有安全感的人则总是对人心怀戒备，觉得大家都在陷害他，想占他的便宜，导致人际关系也非常恶劣。由此可见，有没有安全感对我们的生活非常重要。安全感，不仅针对我们的内心，还针对我们的生活。那么，安全感到底来自哪里呢？其实，安全感不是别人给我们的，而是我们自己给自己的。每个人都想要更好、更完满的生活，然而，这份生活别人并不能给予我们，而是要我们自己凭借双手去创造，凭实力去拼搏。对于现代的女孩来说，安全感源于自身的实力。不管你是在学校里，还是在社会上，安全感都源于你的努力。天上不会平白无故地掉馅饼，没有人能够不劳而获。要想创造美好的生活，女孩就必须不遗余力地去努力。今天的奋斗，是为了明日潇洒地生活。女孩再也不要抱怨没有安全感，因为那是在抱怨自己。与其抱怨自己，不如奋起拼搏，为自己打造一个美好的明天。

生活总是充满波折，但不管遭遇多少坎坷，我们都应该迎难而上，战胜困难，摆脱困境。试想，如果这次考试失利，那么你是放弃，还是努力？放弃，只能让你下次的成绩继续下降，唯有加倍努力，你才能在下一次的考试中取得更好的成绩。人们常说，人生如戏，戏如人生。其实，生活中的很多事情是人生的缩小版，其间的道理都是相通的。女孩想要获得的安全感有很多方面，包括身体上的和精神上的。首先，是身体上的安全感。笔者一向以为，女孩子学些防身术是有利无害的。女孩若能学几招防身术，不但可以强身健体，还能防御坏人的攻击。当然，防患于未然的办法是要有自我保护的意识。很多事情，在没有发生的时候防止，比发生之后补救更好。其次，是精神上的安全感。现代社会，妇女已经从家庭生活中解放出来，和男人一样步入社会，创造社会价值。所以，女性要想得到社会地位，就要提升自己的能力，找到属于自己的一片天地。女性应该从精神上武装自己，过充实而有意义的生活，才会有安全感。对于女孩来说，要抓住青春时期的大好时光，加大力度给自己充电，多读书，提升自己的素质，提高自己的能力。拥有充实的人生，才能给予自己安全感。记住，缺乏安全感永远是和空虚相连的。

如今，有很多父母因为工作而不能陪伴在孩子身边，伴随孩子长大。虽然有人说这样的缺席是不好的，但是早离开父母的孩子，往往更加自立自强，也更有主见。他们就像小大人一样，完全不需要依靠父母，自己就能给自己很大的安全感，能料理生活的方方面面。

其实，即便是生养我们的父母，也不可能永远陪伴在我们身边。所以，我们唯有自立自强，掌握自己的命运，才能走上成功之路。不管什么时候，我们都要给予自己安全感，因为没有任何人是能够让你一辈子依靠的。女孩，加油，你一定行！

人生每个阶段都在刷新，而非复制

在这个世界上，既没有两片完全相同的叶子，也没有两个完全相同的人。也许有人会说，双胞胎就长得一模一样。其实，双胞胎的相貌也并非完全相同，更何况是脾气秉性呢？人们常说，性格决定命运，习惯成就人生。世界上的每个人的脾气秉性都完全不同，所以，人生也就不同。即便是刻意模仿，也不可复制。换个角度来说，如果每个人的人生都是一样的，那么生活还能五彩斑斓吗？生活之所以多姿多彩，就是因为每个人的人生都与众不同。我们活着，既是自己故事的主角，也是别人眼中的故事。在生活中，很多人喜欢看名人传记，想从名人的经历中提炼出成功的捷径。看得越多，他们就会发现，成功没有捷径，人生不可复制。所以，要想走出属于自己的人生之路，我们就需要创新。

女孩们要知道，每个人都有属于自己的人生，你也是。前文我们就曾说过，你就是你，你要成为真实的自己，因为只有真实的你才是最好的自己。现在，我们依然要说，不要模仿。即使是身边人的优秀，你也只能汲取她的经验，然后为己所用，而不能单纯地模仿。你各个方面都与别人不同，怎么可能仅靠模仿别人就获得成功呢？

从创新的角度来说，唯有创新，才能走出新天地。很多人知道，金点子之所以叫金点子，是因为稀缺和创新。一个办法再怎么好，如果尽人皆知，那么这个办法就无法像预期一样取得最好的效果。举例而言，一个人想卖集市上没有的望远镜，后来，大家都觉得卖望远镜能挣钱，都去卖望远镜，那么生意还能好吗？经历过高考的人都知道，很多专业报考时是热门专业，毕业的时候就不热门了。与此相反，报考的时候是冷门的专业，也有可能在几年之后变成热门。所以，做事情千万不要盲目跟风，而要有自己的主见。

对于女孩子来说，最重要的不是多么成功，而是要找到属于自己的成功之路。别人的成功终究是别人的，盲目模仿只会落得东施效颦的下场，只有属于自己的道路，才能助你走向成功。

第05章

珍视情谊，情感是人生中的宝贵财富

人是情感动物，每个人的人生都需要感情的陪伴。从母亲温暖的子宫里开始，我们就感受到父母的爱抚。等到呱呱坠地，我们更是得到了父母无尽的疼爱。除了亲情，我们还有兄弟姐妹之情、朋友之情、同学之情等。即使是陌生人之间也有情谊。情谊是值得每个人珍惜的。我们的人生之所以温暖，正是因为情谊的存在。

感恩，让生命之花常开不败

没有阳光雨露的滋养，就没有万事万物的生长；没有天空的辽阔高远，就没有苍鹰的展翅翱翔；没有无边无际的海洋，就没有你的扬帆远航；没有大地的宽容博大，就没有高山的耸入云霄……没有父母，就没有我们的生命；没有师长，就没有我们的成长；没有朋友，我们的人生就寂寞无助；没有对手，我们就无法获得一次次的进步……感恩，使我们满怀感激地对待生活中的一切人和事，使我们更加宽容和善，使我们能够得到更多的快乐和满足。

只有知足常乐的人，才能心怀感恩。他们不但宽容，而且善良，总是能够理解别人的苦楚，即使别人做出伤害他们的事情，他们也能不抱怨、不憎恨。感恩的心态，有助于我们与他人之间建立良好的人际关系，建立彼此之间的信任，也因为如此，我们对待人生才会更加积极乐观，才会充满希望。没有任何人的人生是一帆风顺的，每个人在人生的道路上都会遇到坎坷和挫折。如果没有感恩之心，你就会充满怨恨，使自己身上的戾气越来越重。唯有充满感恩，你才会以平和的心态对待自己遇到的那些坎坷和挫折，也正是它们促使你不断成长、不断成熟。

心怀感恩的人往往胸怀博大，他们能够宽容地对待和接纳一切。正因为如此，心怀感恩的人也心怀大爱，即使对待陌生人，他们也总是给予关怀和爱。他们感激生命中出现的一切人和事物，哪怕对方曾经给予他们伤害，他们也能做到以德报怨，无怨无悔。他们看似付出了很多，其实也得到了很多。在人生众多宝贵的事物中，心境的平和尤为珍贵，而他们正是拥有了这份宁静。

所以，心怀感恩不但是不计较、乐于付出，还能够帮助我们得到平和的心态和宁静的人生。

案例一：

在竞选美国总统之前，罗斯福的家中曾经被窃贼光顾。他的家被盗贼翻得乱七八糟，所有的东西都七零八落地扔在地上。得知此事后，朋友们纷纷来信对他表示安慰。在给一个朋友的回信中，罗斯福说："亲爱的朋友，感谢你对我的关心。尽管我的家被盗贼翻得乱七八糟，惨不忍睹，但是我还是很欣慰的。首先，盗贼只是偷走了我的财物，而没有伤害我的生命。其次，盗贼只偷走了一部分东西，而没有把我的家完全毁掉。最后，也是我最庆幸的，偷东西的人是他，而不是我。"

案例二：

在漫无边际的沙漠里，有两个朋友结伴而行。旅途中，不知道为何，他们发生了争执，一个人还打了另外一个人一巴掌。那个被打的人伤心极了，在沙地里写上："今天，我的朋友打了我一巴掌。"走着走着，被打的人不小心误入了流沙。为了救出他，他的朋友不惜冒着生命危险，费尽千辛万苦，才把他救了出来。他感动不已，找到一块石头，在上面写道："今天，我的朋友冒着生命危险救了我。"朋友很困惑，问："你上次是写在沙地里的，这次为什么要写在石头上呢？"这个人说："你打了我，我已经忘了为什么，把它写在沙地上，风一吹就了无痕迹了。你救了我，我永远不能忘记，刻在石头上，让它每时每刻都提醒我。"

在第一个案例中，罗斯福的宽容和乐观感动了我们。他之所以拥有这样的胸怀和心态，就是因为他心怀感恩。他感恩命运，没有把他逼得走投无路，不得不当窃贼。在第二个案例中，那个人也有着感恩的心。对于朋友的不好，他选择忘记，对于朋友的好，他选择铭记一生。这样的人，永远也不会抱怨，只会感恩。

女孩们，在生命的历程中，你一定也经历过一些不愉快的事情。不管这些事情当时让你多么伤心难过，只要你愿意忘记，时间都会修复你的伤痕。活在怨恨之中，本身就是对自己极大的伤害和惩罚。所以，聪明如你，一定要忘记那些不愉快的事情，让快乐伴随自己的人生。即使是对陌生人，我们也应该心怀大爱。就像那首歌唱的，"我和你，心连心，同住地球村"。只要心怀感恩，心怀大爱，地球就是一个小小的村庄，每个人都是心手相连的乡邻，每个人都应该守望相助，彼此扶持。

母爱是世间最伟大的力量

自古以来，母爱就得到无数文人墨客的颂扬。其中，尤其是唐代诗人孟郊的《游子吟》最广为流传。"慈母手中线，游子身上衣。临行密密缝，意恐迟迟归。谁言寸草心，报得三春晖！"这首诗，以临别之前，慈母为即将远行的游子缝制衣服为题材，生动地表现出母亲对孩子的牵挂，而且一针一线都充满了母亲深深的爱。相对于母亲的恩泽，孩子的孝心就像小草一样微不足道，永远也报答不了母亲的恩情。这就是母亲的爱。

和父爱相比，母亲的爱显然更加具体，更加琐碎，也更加唠叨。一提起母亲，很多人会想起母亲的唠叨。的确，大多数母亲都是唠叨的，因为她们牵挂着子女的一言一行、一举一动，所以，她们不停地提醒孩子要及时增添衣物，要好好吃饭，要认真学习，要注意安全，要……母亲的唠叨几乎涵盖了生活的方方面面，几乎可以写成一本厚厚的书。只有我们想不到的，却没有母亲想不到的。母爱，就是如此"啰嗦"。曾经，我们盼望着长大成人，飞出家门，从此以后再也不用听母亲的唠叨。等到我们真的行千里，才发现我们是如此怀念母亲的唠叨。世界上有一个最疼爱我们的人，那个人就是我们的母亲。没有任何爱可以和母爱相提并论，没有任何人会像母亲对待我们那样无私。母爱是这个世界上最深沉、最真挚、最无私的爱。女孩们，请爱你们的母亲。她们不但给了你身体发肤，还给了你她毕生的爱。

案例一：

　　唐山大地震发生之前，一位年轻的母亲在哄小婴儿睡觉。她一边哼着摇篮曲，一边用脚轻轻晃动摇篮，手上还织着毛衣。转眼间，地动山摇，母亲意识到是地震，赶紧扑过去用身体护住摇篮，随后和摇篮里的婴儿一起被埋进了废墟之中。幸运的是，婴儿没有受伤，母亲却身负重伤。她艰难地把哭泣的婴儿抱进怀里，让他吮吸乳汁，不再惊恐。时间一天天过去，母亲的乳房已经干瘪，婴儿饿得哇哇直哭。在生命渐行渐远的时刻，母亲勉强支撑着自己，从废墟中摸到毛衣针，刺破手指，让孩子吮吸自己的鲜血。母亲的伤势已经很重了，但她还是依次刺破自己的十指，用鲜血浇灌婴儿的生命。等到救援人员找到她们的时候，母亲已经陷入昏迷，婴儿却酣然熟睡。看到这一幕，救援人员无不泪流满面。

案例二：

　　孟子自幼就很顽皮，为了教育孟子，他的妈妈花费了很多心思。最早的时候，孟子和妈妈住的地方靠近墓地。孟子经常和小伙伴们学着大人送葬，他们也跪拜，也假装哭得撕心裂肺，学得有模有样。看到孟子经常玩这个游戏，妈妈忧心忡忡。她眉头紧锁，暗暗想道：我们不能住在这里了。

　　很快，妈妈带着孟子搬到了远离墓地的集市旁。没过多久，孟子开始和新认识的小伙伴玩买卖东西的游戏。他们有的扮演商人，吆喝着卖自己的商品；有的扮演客人，和商人讨价还价，表演得惟妙惟肖。妈妈摇摇头，觉得集市也不是一个适合居住的地方。这一次，妈妈思来想去，带着孟子搬到了学校旁边。很快，妈妈就发现，孟子变得好学了，他主动央求妈妈把他送进学堂，还变得很有礼貌、很遵守秩序。妈妈不由得欣慰地想道：这才是适合居住的地方啊！

　　第一个案例中，在生命垂危的时刻，母亲不惜用鲜血维持孩子的生命，母爱的伟大让人肃然起敬。第二个案例是"孟母三迁"的故事，已经流传了上千年。孟子的母亲为了给孟子良好的生活环境，不惜几次搬家，最终搬到学校附近，才感到满意。正是因为母亲对教育的重视，孟子日后才会成为圣贤，流传千古。

　　大文豪高尔基曾说，世界上的一切光荣和骄傲都来自母亲。的确，没有母亲就没有我们的生命。任何一个家庭，即使再怎么贫穷，只要母亲正直、善良，孩子们就一定会拥有美好的人生。

老师，为我们指引人生的方向

"小时候，我以为你很美丽，领着一群小鸟飞来飞去。小时候，我以为你很神气，说上一句话也惊天动地。长大后，我就成了你……"这首歌，曾经成为很多学生献给老师的歌。每个人都有老师，老师不但传授给我们知识，还教授给我们做人做事的道理，所以，自古以来，老师的作用都不可取代。古人云，师者，传道授业解惑也。人们常说，一日为师，终身为父，也表达了人们对于教师的崇敬之情。

女孩们，尊敬老师应该从现在做起。很多人常常把尊师重教挂在嘴上，但是在实际的学习中，却常常不够尊重老师。尊重老师应该落实到实际的生活和学习中。在课堂上，老师讲课时声音都沙哑了，学生却不认真听，就是不尊重老师；对于老师布置的作业，没有认真完成，是不尊重老师；课堂上，老师在上面讲，你在下面和同学窃窃私语，也是不尊重老师……真正尊重老师的同学，会设身处地地为老师着想，尊重老师的劳动成果。不少女孩长大后选择了从教，所以，也应该在学生时代就好好地体谅老师的辛苦。

案例一：

宋朝时期，著名学者杨时不但刻苦学习，而且特别尊重老师。有一次，他和一个同学在某个学术问题上产生了分歧，争执不休。为了弄明白谁错谁对，虽然天上飘着鹅毛大雪，但他们还是结伴去找老师程颐。到了程老师家门口，杨时正准备敲门，但想到老师有可能在午休，因此侧耳倾听。果然，屋内传来老师打鼾的声音。因此，杨时小声对同学说："现在是正午，老师正在午休。我看，我们应该等老师睡醒了再问。"就这样，他们一声不吭地站在门口，在心里默默地背书。

很久之后，程老师午睡醒来，看到他们站在雪地里，身上落满了雪花，赶紧把他们叫进屋里。看着他们冻得瑟瑟发抖，老师心疼地说："这么大的雪，你们怎么不进屋哇！"杨时看着程老师，毕恭毕敬地说："您在午休，学生不敢惊动。"程老师看着门外纷飞的雪花，良久不语。

案例二：

一个下雨的日子，张乐平提着蛋糕，撑着雨伞，去看自己的老师。张乐平就是创作了"三毛漫画"的作者，是一个很有名气的漫画作家。此时的他已经人到中年，他要去看望的是他的小学启蒙老师陆寅生，他们已经有五十多年没见面了。张乐平之所以走上漫画创作的道路，正是因为当年陆老师给他出了个题目，引导他用漫画创作。时至今日，张乐平依然记得自己走上漫画道路的开始，他从未敢忘记老师。

80岁高龄的陆老师显然已经认不出张乐平了，他上下打量着张乐平，问："您找谁？"张平乐恭恭敬敬地说："老师，我是张乐平啊，我就找您。"陆老师想起了张乐平，兴奋不已，连声地说："这么多年了，难为你还记得我呀！"张乐平紧紧地握着老师的手，说："是您教会我画第一幅漫画，学生怎么敢忘呢！"

杨时冒着大雪站在门外静候老师午睡醒来，对老师的尊重显而易见。在第二个案例中，张乐平时隔五十多年，依然记得自己的启蒙老师。的确，如果没有启蒙老师带他走进漫画的世界，也许他的一生都会不同。

女孩们，从幼儿园到大学，你们也一定会遇到很多老师。无论何时，我们都不应该忘记老师的谆谆教诲，要记住老师的辛勤指导，因为没有人能够独立自学成才。其实，老师不仅仅限于我们在学校里的老师，很多时候，生活中也有我们的老师。例如，有的同学教会你打羽毛球；有的朋友教会你做一道菜……正所谓生活处处皆学问，生活中也处处都有我们的老师。无论何时，我们都要尊重自己的老师。

父亲是一座山，撑起一片天

和母亲琐碎的爱相比，父亲的爱更像是一座大山，沉默无言，却默默地为家庭和孩子们撑起一片蓝天。在大多数人的心里，父亲似乎很少说话。他们每天都忙于工作，有些父亲因为工作需要，还常常出差，陪伴家人的时间很少。其实，这并非代表父亲不爱我们。恰恰相反，每一个奔波忙碌的父亲，心里都装着对子女沉甸甸的爱和对家庭义无反顾的责任。很多母亲为了照顾孩子，不得不在家当全职主妇，如此一来，赚钱养家的重任就全部落到父亲的肩膀上。无论生活的压力有多大，父亲始终坚强地站立着，顶天立地。

父爱，是每个人心里坚强的所在。尤其是女孩，父亲的爱往往会给她很强大的安全感。一个有责任、有担当的父亲，能让女孩的心中无所畏惧，即使遇到再大的风雨，也毫不害怕，因为她知道父亲的臂弯就是她永远的港湾。父亲是女孩心中的天，只要父亲在，家就在，天就在。即使父亲沉默不语，也是女孩心中的天。每个女孩都有父亲，每个父亲都不一样。有的父亲是面朝黄土背朝天的农民，一年四季都和深沉的土地打交道，他们憨厚老实、沉默寡言，一遇到发愁的事情就叼起旱烟袋，默默地抽烟；有的父亲是老师，一生教书育人，诲人不倦，因此和孩子也有很多共同的语言；有的父亲是商人，忙于自己的事业，为了给妻子儿女创造更好的生活条件，总是四处奔波……每个父亲在身为父亲的同时，也有着自己的社会角色。无论我们的父亲做什么工作，职位是高还是低，他们都有着一个共同的身份，那就是——父亲。对于男人而言，父亲是一生之中最重要的职业。不管生活如何艰难，他们可以更换社会角色，却无法改变父亲的身份。父亲，是需要每个男人穷尽一生去扮好的角色，它比任何工作难度都大，也需要付出更多的心力、精力和情感。

安徒生是举世闻名的童话作家，他一生之中创作了很多童话，丰富了全世界儿童的精神世界。他出生在富恩岛，他的家乡是一个偏僻的城镇。在那个城镇，安徒生的父母都生活在社会的最底层，他的父亲是个贫穷的鞋匠，为了贴补家用，他的母亲靠给贵族和地主洗衣服赚取低廉的佣金。安徒生从小就受到贵族和地主阶级的排斥，他们甚至叮嘱孩子不要和身份卑贱的安徒生一起玩耍。看到心爱的儿子受到不公正的待遇，安徒生的父亲特别生气，但他没有在小小的安徒生面前表现出来。他压抑心中的怒火，佯装轻松地对安徒生说："儿子，没关系，爸爸可以陪你一起玩。"

为了改善安徒生的生活环境，父亲非常用心地布置了安徒生的房间。在父亲精心的安排下，安徒生原本非常简陋的房间摇身一变，成了微型博物馆。父亲找到很多美丽的图画和富有艺术气息的瓷器，将它们挂在房间的墙壁上；还亲手打了一个壁柜，用来给安徒生摆放那些玩具；在书架上，满满的都是各种各样的书籍，还有乐谱；即便是玻璃门窗，父亲也没有遗忘，他和安徒生一起为它们穿上了美丽的画衣。为了让安徒生的生活更加丰富，一有闲暇，父亲就会带他在大街小巷中行走，看看那些社会底层的手艺人为了生活是多么艰辛，看看那些老无所依的乞丐为了讨口吃的受尽了多少冷眼，看看那些坐着华丽的马车横冲直撞的贵族和地主阶层，生活是多么奢靡。父亲虽然识字不多，但是常常在夜晚到来的时候给安徒生讲《一千零一夜》的故事。有的时候，他还会给安徒生读一读莎士比亚的剧本，遇到不认识的字，他就去请教别人。就这样，小小年纪的安徒生就了解了人间的疾苦，在父亲竭力营造的微型博物馆的熏陶下，他的精神世界越来越丰富。这一切，都为他日后的童话创作奠定了生活的基础。

每一位父亲都在用自己的方式爱着孩子，但有的时候，我们常常曲解父亲的本意。女孩们，要相信父亲的爱，只要记住这一点，你才能够理解很多父亲的作为。

兄弟姐妹，感谢世界上有你

这个世界上绝对没有完全相同的两片叶子，也绝对没有完全相同的两个人。尽管如此，这个世界上还有可能有那么一两个甚至几个和我们相似的人。他们，就是我们的兄弟姐妹。早在几十年前，几乎每家每户都会有五六个孩子。20世纪七八十年代，因为独生子女政策的推广，诞生了独生子女一代。他们没有兄弟姐妹，就连表兄弟姐妹，也很少。近几年，新的生育政策开始施行，这就意味着孩子们又将会有兄弟姐妹，一起分享童年的快乐和父母的疼爱。

当父母逐渐老去，兄弟姐妹会始终陪伴在我们身边。不管在生活中遇到怎样的困难和坎坷，手足之情让兄弟姐妹始终坚定不移地支持你，站在你的身边。你们的长相可能相似，也可能长得很不同，但都割不断你们的血脉亲情。现代社会，生活节奏越来越快，各种压力接踵而至，人与人之间也变得越来越冷漠。然而，无论时代如何变迁，手足之情都无法割舍。女孩们，你如果幸运地拥有兄弟姐妹，那么一定要真诚地对他们说：感谢这个世界上还有一个你！

晓军与晓蒙是孪生兄妹。从小，他们在一个摇篮里长大，抢着吃一个碗里的食物，为了一个玩具打得涕泪横流……在哭哭笑笑、打打闹闹中，他们一起长大了。虽然在不同的大学里读书，相隔千里，但是他们几乎每天都要通电话，分享生活中的喜乐。

一个下午，晓蒙突然发起烧来，持续了好几天都高烧不退。经过检查，医生说她患了白血病，需要换骨髓。得知这个消息的父母，如遭受了晴天霹雳，痛不欲生。晓蒙正值青春花季，生命却面临着戛然而止的威胁。父母停下手里的一切工作，双双配型，却都与女儿的骨髓不匹配。着急之余，父母突然想起了晓军。得知晓蒙还有个孪生哥哥，医生非常高兴地说："孪生兄妹的配型成功率是最高的。"然而，手心手背都是肉，父母心痛不已。当晓军知道妹妹需要骨髓配型时，他毫不犹豫地来到医院，告诉父母："爸爸妈妈，我愿意。只要能挽救妹妹的生命，让我付出生命，我也愿意。"

果然，晓军和妹妹配型成功，晓蒙得救了。

感谢这个世界上还有一个你，这句话肯定是晓蒙最想和哥哥说的。在生命的考验面前，他们的兄妹情谊击退了死神。这就是兄弟姐妹的真情，足以感天动地。

女孩们，感谢父母给予你最珍贵的礼物——你的兄弟姐妹。小的时候，你们互相陪伴，一起长大；长大后，你们彼此扶持，相依相靠。这是一母同胞的真感情。血浓于水，这种感情永远不会淡漠。

女孩，请珍视同桌的情谊

"明天你是否会想起，昨天你写的日记；明天你是否还惦记，曾经最爱哭的你。老师们都已想不起，猜不出问题的你；我也是偶然翻相片，才想起同桌的你……"老狼的一首《同桌的你》，唤醒了无数人心目中对于同桌的记忆。这记忆就像是温暖的潮水，瞬间温暖了我们的心灵。每个人都曾经有过"同桌的你"，每个人的记忆深处都住着"同桌的你"。当我们越长越大，渐渐成熟，我们就越发怀念懵懂的青葱岁月。那是我们生命中最值得留念的美好时光，是所有人心里对青春永远的记忆。

记得上学时，我们总是要和同桌打交道。都说同学情深，同桌之间的情谊更加百味齐全。大多数同桌都是有哭有笑，又吵又闹，但是情谊却更加深厚。同桌的你，还好吗？

李海军和张咪是初中同桌。初中三年，他们一直都是同桌。其实，老师也曾经想把他们俩调开，但是他们总是借口学习上互相帮助，又调回同桌。三年都是同桌，并不意味着他们的相处多么融洽和谐，相反，他们简直是一对冤家，总是吵架，和好，再吵架，再和好。后来，老师完全不管他们之间的争吵了，因为知道他们总会自己想办法和好的。

初中毕业后，他们考上了不同的高中。刚开始，彼此之间还有联系，后来学业渐渐加重，联系越来越少。转眼之间，十年过去了。李海军在上海读完大学后，留在上海工作和生活。一天，他乘坐地铁的时候突然看到一个女孩，觉得非常眼熟。他犹豫地喊出"张咪"的名字，张咪回头看着他，突然大声喊出"李海军"。一瞬间，沉淀了十年的同桌情谊爆发出来，他们居然在大庭广众之下尖叫着拥抱在一起。那天，他们彻夜未眠，一直在咖啡馆里聊天。他们一起回到了同桌的年代，恍惚觉得自己一夜之间也回到了青春岁月。从此之后，在举目无亲的上海，他们都有了最亲、最值得信赖的人。

时光也许会把我们的同桌情谊尘封在心灵深处，一旦时机成熟，这种感情就会被唤醒，新鲜如初。李海军和张咪初中三年都是同桌，他们的感情必然非常深厚。在举目无亲的上海重逢，他们的心里该是多么欣喜若狂啊！

女孩们，请珍惜你们的同桌之情吧。人和人之间，缘分有深有浅。同桌，能够在最美好的年纪共处一桌，一起学习，一起挑战难题，一起品味欣喜，这是多么深厚的缘分呐！同桌的你，别来无恙吗？女孩们，赶快拿起电话，和曾经的同桌们联系联系吧！当你们一起回想起曾经的岁月，也会觉得自己变得充满朝气！

第06章

留足界限，青春女孩洁身自好有分寸

前文说过，青春期的女孩对异性产生好感是正常的，然而，对于这种好感，聪明的女孩们一定会正确面对，控制自己。其实，对于每个年龄段的女性来说，在和异性交往的时候，都要把握好尺度。和异性的交往一定要有礼有节，不能越界，否则，不但会伤害自己，还会伤害自己最爱的人。

女孩，学会保护自己的身体

人们最喜欢用花来比喻女人，因为女人如花朵一样娇艳、美丽。但对于生命之花，女人要自己爱惜。很多时候，父母无法保护我们一生，即使是喜欢我们的异性，也常常会因为各种各样的原因，甚至会做出伤害我们的事情。女孩们，当你们的身体渐渐发育成熟，首先应该了解自己的身体构造。女性的身体是非常娇嫩的，如果不了解自己的身体，就无法很好地保护自己。

很多女孩在青春期时会陷入爱河，在这个还不懂爱的年纪，她们懵懵懂懂地跌入爱情的漩涡之中，自以为拥有真爱，并为了所谓的爱人，付出自己的所有。她们不知道的是，大多数青春时期的爱情都会随着年龄的增长烟消云散。所以，女孩们对于青春期的爱情应该学会有所保留。只有先学会爱自己，别人才会更加爱你。

青春的少男少女们一旦坠入爱河，往往会不管不顾。尤其是男孩，因为荷尔蒙的作用，他们总是会对心爱的女孩提出更进一步的要求。青春期的情侣们先是牵手，再到接吻，最终也许会偷尝禁果，做出不该做的事情。男孩们在这个年纪往往缺乏理智，他们还不知道感情为何物，责任为何物，就盲目地给女孩很多许诺。女孩们呢？如果一味地沉浸爱情之中，缺乏保护自己的意识，就会导致生命之花过早凋零。聪明的女孩不会仓促地奉献自己，因为人生有太多的不确定性。对于男孩提出的不适当请求，女孩们一定要坚定不移地拒绝。也许有的女孩会说，如果我拒绝了，他一定会说我不够爱他。女孩，你这么想就太傻了。你为何不反过来想想：如果他真的爱你，就不会对你提出这样的请求。一个值得托付的男生，不会为了一时的快乐赌上你的一生。这么想来，你拒绝他的时候完全可以义正词严，而不必有任何愧疚。爱情是双方都要努力去呵护和维系的，不是任何一方对另外一方的索取和强求。

珠珠最近在谈恋爱，她的恋爱对象是赵刚。赵刚是大二年级最帅气的男生，为此，很多女孩羡慕珠珠，居然能够成为赵刚的女朋友。然而，珠珠却很苦恼，她甚至想到了分手。原因是赵刚在谈了几个月的恋爱之后总是缠着珠珠，让珠珠答应他的非分请求。

珠珠虽然很爱赵刚，但是她知道，他们现在只是大二，未来的生活还有很大的不确定性。况且，即使真的能够和赵刚走到婚姻的殿堂，她也想把最美的自己留到新婚之夜，为此，她拒绝了赵刚。赵刚接连几天都不理珠珠，珠珠很苦恼，却不能妥协。等到赵刚终于消了气来找珠珠的时候，珠珠很诚恳地说："赵刚，我很爱你，也想与你共度一生。早晚有一天我会把自己毫无保留地交给你，但绝对不是现在。我们当前的主要任务是好好学习，父母辛辛苦苦供我上大学，我不能出任何差错。而且，我是很传统的女孩。如果你还是像之前那样要求我，我只能说我做不到。即使你提出分手，我也能够接受。"听了珠珠的话，赵刚被感动了。他很懊悔地说："珠珠，对不起，你说的是对的，是我错了。我不能因为别的同学在校外同居，就也这样要求你。在结婚之前，就让我们做灵魂的伴侣，等到新婚之夜，咱们再真正地融为一体吧！因为你的坚决，我不再怪你，反而，我一生都会为有你这样的伴侣而自豪。"

珠珠的坚持换来了赵刚的尊重。珠珠是一个非常自爱自重的女孩，她很爱惜自己的生命之花，不愿意让它在尚未到来之际就早早凋零。女孩们，你们也要向珠珠学习，对于男友的不情之请一定要坦然拒绝，因为这是你的自由，也是你作为女孩的权利！

青春的选择，异性交往要适当

关于两性之间的交往和相处，一直是个备受争议的话题。甚至曾经有人说，男性和女性之间不存在纯粹的友谊，他们或者是发展成为恋人，或者是处于暧昧之中。当然，这样的说法未免有些偏激。然而，不可否认的是，异性之间的交往的确最难把握的是尺度。也有人用磁铁比喻异性之间的关系：同极相斥，异极相吸。在日常生活中，我们常常听到很多调侃两性的话，诸如男女搭配，干活不累等。的确，女性朋友在相处的时候，因为彼此都是女性，心理特点相近，容易发生摩擦和矛盾。当女性和男性相处的时候，则不会存在这个问题。

现代社会，很多女孩很刚强，打扮也比较中性，看起来就像是个假小子。不管是在学校里还是在单位里，很多女孩会和男性打成一片，用她们的说法，男性更好相处。不过，在这种异性交往越来越普遍的时候，有个问题不容忽视，即很多女孩把男性当哥们儿，但是很多男孩却把女孩当成自己喜欢的人。当男孩越陷越深，女孩却浑然不觉，最终彼此都受到伤害。要想避免这种情况的发生，就要把握好与异性交往的尺度，不要让对方产生误会。即使在现代社会，男女有别也依然是无法否认的。我们不反对女孩与异性交朋友，但是交往一定要把握好尺度，知道什么是能做的，什么是不能做的。

周涛是个假小子，从小就喜欢跟在一群男孩后面玩。男孩们爬树，她也爬树；男孩们下河，她也下河。她几乎从未像女孩子一样文文静静地待上片刻，每天不是和男孩子嬉笑打闹，就是和男孩子成群结队地调皮捣蛋。渐渐地，男孩子们也都把她当成了男孩子。然而，女大十八变，即使周涛从小就被当男孩子养活，如今，正值花季的她还是出落得亭亭玉立了。即使穿着中性的衣服，也掩盖不住她日渐成熟的女性的身体。她的身材发育得凹凸有致，是个真正的大姑娘了。不过，整日和男孩们在一起玩的周涛似乎并没有注意到自己的变化，她依然无所顾忌地和男孩们同进同出，打成一片。

时间长了，女孩们开始说一些关于周涛的风言风语。原来，周涛班的班长是全校的"校草"，非常帅气，也很有才华。很多女生在偷偷暗恋"校草"，恰恰周涛和"校草"走得最近，常常称兄道弟。对此，那些喜欢"校草"的女孩恨得牙痒痒，她们默默地想："凭什么我喜欢'校草'只能悄悄的，周涛却明目张胆呢！她只怕也喜欢他，只是用大大咧咧的性格作为掩饰罢了。"一天，周涛正在走路，其他班级的两个女生公然在她身边说："哎，你知道那个天天缠着'校草'的疯丫头吗，她呀，就是别有用心！""是呀，她还天天和'校草'称兄道弟呢，谁也不是傻子。她肯定就是喜欢人家，才这样做的！""你知道吗，那天我看见他们俩一起吃饭，她还把自己碗里吃不完的饭倒进人家的碗里，真是恶心死了。"两个女生一边装作漫不经心地聊天，一边看着周涛。周涛气得脸都红了。

后来，周涛冷静下来想了想，觉得自己做的事情如果从异性交往的角度来说，的确有些过分了。既然传出了风言风语，周涛马上就改正了自己的行为。渐渐地，同学们发现周涛变了，她虽然依然喜欢和男生做朋友，但是非常留神，再也没有做出让人说三道四的举动。

男女有别，不管社会如何发展，这一点始终无法改变。虽然无须像封建社会那样，不能与男性有任何接触，但是我们依然要注意和异性交往的尺度。只有把握好尺度，友谊才能更纯粹、更长久。

异性之间的友谊，要小心翼翼守护

自古以来，歌颂友谊的诗词歌赋数不胜数，包括那些名人雅士、伟人名士的生活，都少不了友谊的陪伴。由此可见，朋友对于我们的人生是多么重要。人生原本就很艰难，如果没有朋友的陪伴，则会更加寂寞和无聊。因为朋友的陪伴，在遇到困难的时候、在有高兴事儿的时候，朋友们都可以与我们分享快乐、分担痛苦。从性别的角度来说，朋友可以分为同性朋友和异性朋友。同性朋友之间往往毫无芥蒂，很多女孩子一路交往下来，成了骨灰级闺蜜。和同性朋友相比，异性朋友之间的友谊则没有那么轻松。由于受传统的观念的影响，异性朋友在交往的时候还有很多的顾忌。正所谓男女有别，如果是恋人关系，那么无论走得多么亲密都无可指责，但是如果仅仅是朋友关系，那么无论亲疏都会引起相应的连锁反应。试想，如果异性朋友之间走得过近，那么别人一定会说三道四；反之，如果异性朋友为了保持距离，见面就躲得远远的，就像仇人一样，那么也就不是真朋友了。所以，就此必须进入前文的话题，异性朋友的友谊要想地久天长，必须把握好尺度。

朋友的感情是需要相处的。尽管古人说君子之交淡如水，但是在这个礼尚往来的社会，从礼节性的角度来说，朋友之间友谊的维系也依靠这一来一往。从感情的角度来说，感情是需要培养的。如果朋友之间三五年才见一面，只怕原本多么深厚的友谊也会渐渐地淡如白水。别说和朋友了，即使是和自己的父母，也是需要用心相处的。由此可见，要想让异性朋友之间的友谊之花常开，必须用心浇灌、用心栽培。

大二那年，君如认识了国庆。他们的认识很偶然，充满了浪漫色彩。那天，国庆在阅览室看书，君如恰巧头一天刚刚把那本书看到一半，因此瞪着眼睛在阅览室找了半天。当看到书在国庆手中的时候，君如不假思索地说："等一下！"国庆不明所以地回头看着君如，君如满怀歉意地说："这本书我昨天看了一半，能不能麻烦你先给我看完再还给你呢？"如此唐突的请求，还是对一个陌生人。然而，国庆毫不介意地笑了笑，欣然把书递给了君如。

如此浪漫的开始，按照言情剧的发展，下面两个人一定是一见钟情，频繁约会。然而，他们此后再也没有联系过，直到再次在图书馆相遇，而且不约而同地都把手伸向了同一本书。看到彼此之间对于书的选择如此一致，两人都觉得如果不交个朋友，简直对不起图书馆和阅览室。就这样，他们互相留了联系方式。很快，国庆就约君如一起去阅览室看书，或者去图书馆借书的时候，他们也会相约在一个时间段。一来二去，两个人越来越熟悉。然而，随着他们见面的次数越来越频繁，关于他们的流言蜚语也开始蔓延。

为了让这些流言蜚语不攻自破，君如开始疏远国庆。原本，她以为彼此只要是朋友，无须天天见面也没问题。然而，渐渐地，她觉得国庆和自己越来越疏远。看来，距离不仅会产生美，还会产生生疏感。君如不想失去国庆这个好朋友，于是她思来想去，觉得只要在正常朋友的范围内，她还是很愿意和国庆一起读书、一起探讨人生的。因此，君如破天荒地主动约国庆一起吃饭，对于自己的无故疏远表示歉意。后来的两年大学生涯，君如和国庆成了真正的铁哥们儿。他们无话不谈，彼此信任，甚至比最亲的闺蜜还要亲。对于未来的感情生活，他们不约而同地选择了顺其自然。

不管是同性还是异性之间的友谊，要想让友谊之树万古长青，友谊之花常开不败，就必须很用心地经营。人生的很多感情是需要经营的。即使是再深厚的感情，如果不懂得维系，那么也会变成荒漠，了无生机。

青春期女孩，切忌过早尝禁果

经历了漫长而又寒冷的冬天，我们在春回大地的时候用心地播种，又经过春天的孕育和夏天的成长，终于等到金灿灿的秋，尽享人生的喜悦和甘美。这些丰硕的果实是对我们春夏两季的慷慨回馈，也是帮助我们度过寒冬的食粮。如果你按捺不住自己，在夏天果实还很青涩的时候就摘取，那么，等到金秋看着别人收获，你却一无所有；等到寒冬，看着别人享受果实，你却忍饥挨饿。这就是自然成熟的规律。其实，不光万物在一年四季之中如此轮回，人生也是如此。母亲含辛茹苦地把每个女孩抚养长大，十六七岁的女孩就像是朝阳中顶着露珠的花骨朵，我们必须耐心地等待盛夏的到来，等到金秋的收获。如果在朝阳时分就把花骨朵摘下来，那么它这一生将不会再有机会绽放。很多女孩有过一失足成千古恨的经历，她们懊悔不已，却恨这个世界上没有后悔药。

人生是一趟旅程，确切地说，人生是一趟没有回程的旅程。如果把人生比喻成一张白纸，我们每个人都是画家，那么人生的画板上是不允许更改的。错了，就错着继续画下去。正因为如此，每一个过来人都曾经劝诫我们，一定要慎之又慎地对待人生，人生，不能着急。如今，很多女孩子迫不及待地想要长大，这样就可以自由地决定自己的人生，可以穿漂亮的时装，做放荡不羁的事情。然而，女孩们，不要着急，等到你真正长大，你就会发现，最好的光阴原来在昨天。对于爱情，她们也要迫不及待地尝试。近年来，初中女生怀孕，甚至小学女生怀孕的事情都屡见不鲜。这一现象引起了人们对青少年成长环境和性教育重要性的深思。十几岁的年纪，原本是最无忧无虑的时光，但懵懂无知的她们却把自己的人生搞得一团糟。古人曾说，食色性也。由此可见，性在成年人的生活中的确有着至关重要的地位，甚至是不可或缺的。然而，含苞待放的花蕾必须耐心地等到属于自己的季节，才能获得最美的绽放。那些过早沉浸爱河、偷尝禁果的女孩，等到最美的时节，你会发现，自己的世界早已凋零。前文我们曾经说过，早恋、初恋，往往都是不能结果的花朵。既然如此，就把最美好的绽放留给你生命中最爱的那个人，凡事都要应景。很多时候，我们以为自己爱得死去活来，恨不得为对方付出生命，却在时间的流逝中不小心暴露了真相：他只是你生命的过客。

小小是一名初二女生。近来，她总是觉得腹痛，是那种隐隐约约的痛。忍耐了一周之后，她终于告诉了妈妈，向妈妈求助。妈妈不知所以，带着她去看医生。医生仔细询问了小小腹痛的症状，看着小小欲言又止，于是对妈妈说："您是家长吗？"妈妈点点头。医生继续说："目前不好说，您先去交费，带她做个B超，这样会比较清楚些。她这个年纪的孩子，不应该有这样的症状，所以还是借助现代化的手段检查确诊吧。"妈妈看到医生说得这么严重，赶紧去交费，带着小小做B超。

在做B超的过程中，医生问小小："姑娘，你多长时间没来例假了？"小小根本不知道事情的严重性，说道："不知道哇，一两个月了吧。"医生表情漠然地看着妈妈，说："必须马上手术，宫外孕。"妈妈当即就愣住了，张大嘴巴看着小小。小小面无血色，目瞪口呆。妈妈很久才回过神来，哭着问小小："这是怎么回事儿，这是怎么回事儿？你快说，快说哇！"医生劝妈妈："这位家长，事情已经发生了。先别说孩子了，赶紧去找门诊医生，让她给你们办住院手续。孩子腹痛有一段时间了，输卵管已经破裂，盆腔有积血，必须赶快手术，晚了会危及生命的。"妈妈哭着给小小的爸爸打了电话，很快，小小就被推进了手术室，但是手术室外的爸爸妈妈却失魂落魄，到现在都不敢相信发生了什么。

幸运的是，小小的手术做得还算及时，没有生命危险。但因切除了一侧的输卵管，等到生育年龄，小小怀孕的概率也会降低50%。

事例中的小小就是因为偷吃了禁果，所以必须承受她生命不能承受之重。这样的打击，甚至连爸爸妈妈都无法接受。对于她未来的人生，必将产生不可预估的影响。

女孩们，不管多么痴迷于爱情，都必须保护好自己。禁果不能偷尝，必须等到人生相应的季节，这个果实才能成熟，才能给我们的人生带来更加美好的体验。退一步说，如果真的无法避免，也一定要做好相应的措施。不合时宜的妊娠会给我们的身体带来无法逆转的伤害，也会给我们的人生带来不可估量的损害。

第07章

德才兼备，睿智的女孩腹有诗书气自华

时代在发展，社会在进步，也必然对人们提出了更高的要求。在古代社会，崇尚女子无才便是德，而在现代社会，女子不但要有才有德，还要有能力、有魄力。从社会地位的角度来说，男女完全平等；从社会分工的角度来说，女性承担着比男性更加艰巨的重任。很多女性不但要在学习和工作上与男性平分秋色，还肩负着照顾家庭的重任。所以，女孩们在学习现代化知识的同时，也要在多方面锻炼自己，只有这样，才能更好地生存与发展！

随机应变，巧用幽默来解围

幽默是一种非常难得的能力。真正的幽默是以愉悦每一个人为目的，说出来的话让人忍俊不禁，却暗自叹服。这就是幽默。一个思维僵硬、反应迟缓的人，很难真正具备幽默的品质。只有聪明机智、宽容友善的人，才能成为一个幽默的人。在社交场合中，人与人在交流和沟通的时候，难免会因为一句话说得不对，导致双方都很尴尬，甚至全场的人都不知该说点儿什么。在这种情况下，机智的人往往能够开动脑筋，以一两句幽默的话逗得人们捧腹大笑，让剑拔弩张的气氛瞬间消除。

机智幽默的能力是可以培养的。首先，我们应该调整自己的心态，真诚宽容地对待别人。一个小肚鸡肠的人只会抓住机会施展报复，而不会真心地让大家皆大欢喜。唯有宽容友善的人，才会有发自心底的善良，水到渠成地成为大家的开心果。机智幽默虽然需要快速的反应能力，但渊博的知识也是不可或缺的。在交谈之中，我们每个人的语速都达到每分钟几十到上百字，如果没有一定的知识储备，如何在别人抛出问题的时候第一时间作出机智的反应呢？在人际交往中，幽默能够产生神奇的作用。幽默的人往往非常乐观，所以他们也会感染身边的人变得积极向上。幽默感能够帮助人们心平气和，让人在遇到问题的时候不至于歇斯底里、手足无措。幽默感的人充满智慧，能够给身边的人带来很大的享受。

在现实生活中，很多女孩性格执拗，在遇到问题的时候，只会以硬碰硬，不会迂回曲折。若能学会幽默，便能在不动声色之间解决问题，变被动为主动。女孩们，要想让自己具备这种能力，不管遇到什么问题都能随机应变，我们就要好好锻炼自己。平日里，与其把大量的时间用于闲聊发呆，不如多读书，看看那些思维敏捷的人是如何应对突发情况的。再者，我们要学习控制自己的愤怒。机智幽默的人从来不生气，即使真的生气，也能让自己保持平静淡定，如此，才能在不动声色间占尽先机。机智幽默的气质一旦养成，对我们的一生都有很大的好处。

孔融从小就很懂事，尊老爱幼。自从"让梨"事件尽人皆知后，他就声名远扬了，而且，父亲每次出去都会带上他。小孔融乖巧可爱，懂礼貌，是个人见人爱的好孩子。最重要的是，他机智幽默，遇到突发情况总能最快地作出合理反应，从来不会让父亲丢脸。

10岁那年，小孔融和父亲一起去洛阳拜访大名鼎鼎的李元礼。当时，除了孔融和父亲，李元礼还邀请了很多名人雅士。到了李府门前，孔融对守门人说："我是李府君亲。"李元礼赶紧让仆人把孔融和他父亲请到大厅。看到孔融这个小大人，李元礼觉得他非常有趣，因此故意刁难他："君与仆有什么亲的？"孔融毫不慌张，从容地说："昔先君仲尼与君先人伯阳有师资之尊，是仆与君奕世为通好也。"听到孔融如此机智圆融的回答，李元礼和在场的宾客都惊讶不已，啧啧赞叹。这时，迟到的陈韪恰巧被仆人引进大厅，听了孔融的回答，他鄙夷地说："小时了了，大未必佳。"这句话的意思是说，孔融虽然现在很聪明，但是一旦长大成人了，未必会有这么出色。出人意料的是，小小年纪的孔融听说这句话后，面不改色地说："想君小时，必当了了。"这句话的意思是说，看你现在的样子，就知道你小的时候一定是很了不起的。听了孔融的回答，在场的人都忍俊不禁，哈哈大笑，唯独陈韪羞愧得满面通红，无言以对，赶紧找了个座位坐下，不再无事生非。

孔融年纪虽小，只有10岁，对于陈韪不屑一顾的评论，他当即就做出了有力的回答。其实，孔融当时如果是个大人，那么他这样的回答未免太过尖锐。幸好，他只有10岁，这样的回答不禁让人拍案叫绝。

女孩们，机智幽默是从小锻炼出来的。你们如果也想像孔融这般风趣机智，那就赶快多多读书，锻炼自己的思维，开阔自己的视野。要知道，机智幽默可以让你灵活应对生活中的各种突发状况。

果断选择，不要犹豫

大凡有魄力的人，一定是处事果断的人，这个道理显而易见。试想，一个人如果在遇到问题的时候总是不知所措，即使想出了办法也总是犹犹豫豫，不能马上展开行动，那么，这个人一定是没有魄力的。在历史的长河中，有很多名人是处事果决、当机立断的。其实，人生中很多机会转瞬即逝，尤其是千载难逢的好机会，真的是一眨眼的工夫就会消失。要想抓住人生的机遇，或者是抓住处理问题的最佳时机，就一定要让自己变得果断、有魄力。聪明的人即使没上过战场，也一定能够想象到战场上硝烟弥漫、战火纷飞的场景。在战场上，作为全军统帅的大将军一定是个非常果断的、有魄力的人，否则，在情况复杂、瞬息万变的战场上，如何抢占先机、战胜敌人呢？对待人生，我们也要有在战场上的表现。很多事情发生得很突然，而且要求我们必须在短时间内作出最快速和准确的反应，既要把握时机，又要给出最佳方案。只有从小锻炼自己的这种能力，我们才能真正变成一个果断、有魄力的人。

也许有些女孩会说，社会是交给男人打拼的，女人只要负责美丽就好。然而，在现代社会，女性和男性一样在社会和家庭生活中扮演着重要角色，如果不够果断和有魄力，可能时常会让自己陷入困境。当然，我们必须准确区分果断和轻举妄动的不同。果断，指的是深思熟虑之后准确作出判断，并且当即采取行动。轻举妄动纯粹是个贬义词，虽然也是在短时间内作出反应和决断，但是没有经过慎重的思考。所以，我们常常说千万不要轻举妄动。在没有弄清楚事情的真相或者没有对事情有全面的了解之前就对事情作出判断，并且采取错误的行动，往往会导致恶劣的后果。由此可见，我们要果断、要有魄力、要深思熟虑，而不要轻举妄动。女孩们往往比较感性，在处理问题的时候更加容易冲动和草率行事。要想成为一个真正果断的、有魄力的人，首先要变得理智，不管遇到什么事情都能够冷静思考、从容镇定。唯有如此，才是真的果断和有魄力。生活是复杂的，各种各样的突发情况都会降临到我们身上。人的一生，可以说就是不断地接受改变的过程。那么，面对这些改变，你是从容应对还是惊慌失措呢？从某种程度上来说，应对这些改变的方式和方法，就决定了你拥有的人生。

女孩们，我们虽然不是像项羽一样威风凛凛的大将军，但在生活中，我们也经常会遇到需要选择的时候。每当这个时候，一旦思虑清楚，千万不要犹豫不决。因为犹豫不决只会使你错失良机。记住，只要思虑周全，就一定要当机立断。唯有如此，你才能真正做到果断、有魄力，也才能真正主宰自己的命运。

有效沟通，改变你的表达方式

民间有句话说得非常形象，叫作"会说说得人笑，不会说说得人跳"。这句话生动地告诉我们，即使针对同一件事情，不同的表达方式也会导致截然相反的结果。这也从侧面证实了语言的魅力。汉语是一种非常形象和生动的语言。我们有形声字、象形字等，很多文字不但说出来会有神奇的效果，而且仅仅是看书面的文字，都非常形象生动。语言的魔力还远不在此，可以说，语言的运用是一个人综合素质和能力的体现。朱自清先生曾经写过一篇《桨声灯影里的秦淮河》，把夜晚的秦淮河描绘得美丽静谧，让看的人忍不住想要真的去秦淮河，也在灯影里泛舟一回。可以说，朱自清先生把秦淮河的美用文字放大到极致。换一个人，在此时此景，未必能够把秦淮河描绘得那么美丽和富有神韵，也许只会说秦淮河是一条不那么宽的河，两岸都是临河而建的房子。这就是表达的魔力。

在现代社会的生活中，要想更好地生存和发展，除了要掌握更多的知识、提升自身的技能外，人际关系也尤其重要。那么，如何让我们的人际关系更好呢？一方面，我们要真诚友善地对待他人、宽容理解他人，另一方面，人与人的交往和沟通主要靠语言，我们要学会说得人笑，而不是说得人跳。当然，这也并非让我们一味地阿谀奉承，而是让我们学会尊重别人、平等地对待别人，更好地表达自己的内心。对于至亲至爱的人和亲近的朋友，在发生冲突的时候，我们应该学会让步、学会低头，毕竟这个世界上没有那么多的胜负输赢和高低贵贱。对于关系不远不近的同事或者陌生人，我们应该学会不卑不亢，既不谄媚，也不高傲，做到平等、尊重。

从细致的角度来说，几乎每个人都要依靠语言的魅力生存。你是照顾家庭的主妇，你需要和商贩、孩子的老师以及自己的爱人、孩子交流；你是职业女性，你需要交流的能力，需要掌握语言的魅力，因为你不但要和上司搞好关系，还要让下属心服口服；你是学校里的老师，你需要凭借语言把自己的毕生所学传授给学生，还要和各个学科的老师搞好关系；你是销售人员，更需要超强的语言组织能力，把自己的诚信和产品的质量性能一样不落地告诉消费者……总而言之，不管从事什么工作，也不管在社会上担任什么角色，你都必须很好地运用语言来表达，与人沟通。那么，沟通能够始终保持到位和顺遂吗？当然不能。这就更加要求我们学会灵活地运用语言，当某种表达方式无法起到很好的沟通效果时，要学会改变方式。俗话说，条条大路通罗马，博大精深的中国汉字给了我们的表达以无穷无尽的空间，你只要努力去思考如何表达，就一定能够找到一种最好的方式。很多时候，生活中的一些事情进入死角，人和人的关系变得无比僵硬和恶化，恰恰是沟通让一切都峰回路转、柳暗花明。

婷婷大学毕业后，进入学校成为一名教师。刚刚参加工作的她年轻气盛，心气比较高，当看到班级里的孩子们在考试中排名倒数第一的时候，不由得心急如焚。她站在讲台上大声呵斥孩子们："你们看看，你们是怎么考的？难道我说的你们都忘到脑后了吗？就连平时考试一直很稳定的王静，也犯了低级错误，那么简单的试卷，都是平时练习过的内容，居然才考了88分。其他同学呢，就更不说了，5分的，10分的……"孩子们被吓得大气也不敢出，都瞪着黑溜溜的眼睛看着婷婷。

一通发泄之后，婷婷冷静下来未免后悔，尤其是当同学们窃窃私语地说："我们真笨呐，比猪还笨，把老师气成这样。""老师会不会生气不教我们了？那我们就没有老师了。"婷婷意识到自己这样对孩子们说话是不对的。在此之后的几天里，婷婷很快就组织了第二次考试。其实，几天的时间根本改变不了什么，但是婷婷要帮助孩子们重新树立信心。这次，婷婷故意把考试试卷出得比较简单，孩子们的成绩有了小幅的提高。婷婷语重心长地对孩子们说："这才是我们班真实的水平啊！大家都看看，这次每位同学都考得很好。我相信，只要继续努力两个月，等到期末考试的时候，成绩一定会提高很多。大家有没有信心？"经过一番鼓励，婷婷欣喜地看到孩子们黑溜溜的眼睛里都闪烁着希望的光芒，包括学习成绩最差的孩子也都大声地喊出了："有信心"。果不其然，在此之后，孩子们非常配合婷婷，学习好的帮助学习差的，大家万众一心，居然在期末考试中考到了全镇第九名的好成绩，整整提前了十七个名次。

这场考试之后，婷婷长出了一口气。她终于改正了自己的错误，没有把孩子们打击得失去自信。婷婷知道，在为人师表的这条道路上，她需要学习的还有很多很多。

在上述事例中，如果婷婷没有及时改正自己表达上的错误，孩子们的自信心一定会大受打击，在之后的期末考试中只会倒退，不会进步。其实，很多教育学家说过，没有教不好的孩子，只有不会教的老师。毋庸置疑，不会教的老师一定是个不会说话的老师。幸好婷婷是新时代的老师，她很快就意识到自己的语言太过粗暴，伤害了孩子们稚嫩的心灵，并且及时改正，这才赢得皆大欢喜的好成绩。

女孩们，在生活中，几乎每分每秒都需要我们沟通和交流。聪明的女孩一定会处处留心，找到适合的表达和交流方式，为自己的生活创造更美好的语言环境。

当路不通时，要学会换条路走

在《故乡》一文中，大文豪鲁迅先生以一句非常简单的话道出了一个真理——"其实，这世上本没有路，走的人多了，也便成了路。"这句话告诉我们，路是人走出来的。所以，当我们走投无路的时候，千万不要灰心绝望，因为这也许正预示着世间因为你的脚步，又将多一条路。其实，人生就是在行走，在一条莫名的道路上行走。这条路千变万化，因为每个人的情况不同，路也就不相同。

生活中，我们常常会遇到路的岔路口，或者遇到绝境，发现眼前已经无路可走。我们到底应该怎么办呢？有人说，人生就是一个不断战胜困难的过程，的确如此。我们在一生之中会遇到形形色色的困难，或大或小，然而，无论如何，我们都不能在困难面前放弃自己的人生之路。还有些人渴望成功，希望自己能够出人头地，创造出属于自己的一番新天地。纵观历史，大多数成功者都是不走寻常路的。假如成功就是看谁在路上采到的野花多，那么众人都走那条路，一定很难觅得野花的踪迹了。因此，要想赢得成功，摘取很多野花，就只能走别人没走过的路。当然，不走寻常路也会有另外一个问题，那就是这条路是你刚刚开拓出来的路，没有人踩过，所以注定长满荆棘。你必须忍受荆棘刺破你的脚心、划破你的衣衫，然后才能赢得更多的野花。在人生之路上，这就是创新。创新的人就是在开辟一条崭新的人生之路。如果能够排除千难万险，坚持到最后，就能获得成功。所谓创新，就是做别人没做过的事情，走"独木桥"。"独木桥"虽然没有大路开阔，但是只属于你。

每个女孩都有自己的梦想，但时而在攀比中迷失自我。女孩，你最大的资本就是你的独特和与众不同。我们应该有自信，坚定不移地做自己，这样才能避免与别人变得一模一样。生活之所以如此多姿多彩，就是因为每个个体都是独特的、与众不同的。独特的女孩有着特立独行的气质，从不盲目地跟随别人的脚步，她们有足够的勇气走出属于自己的人生之路，并坚信自己很优秀，坚信自己是最棒的，坚信自己能够获得成功。

　　很久以前，有位花匠请教主人："主人，您这么成功，家业越做越大，太让人羡慕了！您就像一棵根深蒂固的大树，我就像大树上的一片树叶，随风摇摆。您能不能告诉我，怎样才能挣更多的钱，能达到您十分之一的成功呢？"主人很宽厚，他笑了笑，对花匠说："你能有这样的想法就很好。这样吧，我看你对园艺很有天赋。你看看，我家的花园是附近所有花园里最漂亮的，这都归功于你呀。现在，我的庄园里有很大一块空地，你可以在空地上种植树苗。不过，你知道一株树苗多少钱吗？"花匠赶紧回答："当然，我当然知道。一株树苗需要10元。"主人拿出纸笔，初步计算了一下，对花匠说："如此算来，你可以在我的庄园里种植30000棵树苗，刚好需要30万元的成本。等到五年之后，这些树苗都能长大，变得粗壮。那么，每棵能卖多少钱呢？"花匠估算了一下，说："应该能卖到100元。"主人说："也还不错，如此一来，就可以卖到300万元。这样吧，我来负责提供土地和成本，你负责在五年的时间里培植它们。等到五年之后，我们就可以盈利两百多万元，咱们一人一半，你看如何？"花匠低头沉思良久，摇着头对主人说："主人，我干不了。"主人有些生气，恼怒地说："我出所有的成本，你也不担风险，利润一人一半，你还不满意吗？"花匠赶紧解释："主人，我一辈子也没有见过300万元。这笔生意实在太大了，我连想也不敢想啊！您还是找别人合作吧，我承担不起这么重的责任！万一赔钱了怎么办呢？"

　　主人很快就找到了另外一个花匠，在庄园的空地上种满了树苗。五年之后，他不但收获了五年浓浓的绿荫，还稳稳当当地赚了一笔。

花匠注定一辈子都是花匠，他虽然很想挣钱发财，但是他的心实在太小了，这就导致他思来想去，放着好好的机会在眼前也不敢抓住。一个人如果只敢走自己走过的路，那么他就永远也不可能突破自己。

女孩们，千万不要像花匠一样，让难得的机会轻易溜走了。不管什么时候，我们都要记住：路是人走出来的！

独立思考，才能获得真知

记得学生时代，数学老师在让我们解答题目的时候，总是要求写出至少两种或者三种解题的方法。当时年纪还小，不知道老师的良苦用心，如今想来，老师是在培养我们的发散思维。但是现在，有一些人还是会说：学习数学有什么用啊，反正有计算器，多么复杂的题目都能算出来。的确，计算器能够给我们的生活带来很大的便利，然而，数学的作用可不仅仅是算数，更多的是为了培养我们的思维能力。很多时候，它的作用是潜移默化的。那么，什么叫发散思维呢？顾名思义，就是以问题为核心，发散式地辐射出很多答案。如果用一幅画来表现发散式思维，那么就像一个万丈光芒的太阳。太阳就是问题，那些射向四面八方的光芒就是各种思维方式产生的方法。

生活中，当遇到难题找不到解答的时候，我们总是说"条条大路通罗马"。这句话其实是一句谚语，最早的起源是几千年前繁华的罗马城。当时，罗马发展得非常繁荣，修筑了很多条路。据说，当时从意大利半岛乃至欧洲的很多条路，只要一直走下去，就能抵达罗马城。后来，人们就用"条条大路通罗马"来形容到达目的的方式有很多种，不要只执着于一种方式或者方法。将其逆反过来，就是发散性思维的脑图。发散思维，顾名思义，指的是一种呈现出扩散状态的思维模式。拥有发散思维的人，在思考问题的时候，思维的视野非常开阔，呈现出广阔辐射的状态，不受任何陈旧思维和固有思维的局限。日常生活中，在创新方面表现突出的人往往都拥有发散思维，他们总是有很多金点子，让自己能够在诸多方法中找到最佳方案。发散思维不但灵活，而且非常变通。拥有发散思维的人，在思考的过程中能够举一反三、触类旁通，从而给自己提供更多优质的解决方案和奇思妙想。女孩们，我们也应该让自己的思维变得更加活跃、更加开阔，这样才能在遇到问题的时候找到更多的处理方法。其实，很多问题的解决方式不是单一的，而是多种多样的。我们既可以直截了当、一针见血地解决问题，也可以委婉曲折、围魏救赵。

为了研究发散性思维，心理学家曾经专门做过一项实验。他先是去了幼儿园，在黑板上画了一个圆圈。他问孩子们："小朋友们，你们猜一猜，这是什么？"孩子们纷纷举起小手，有的孩子说是太阳，有的孩子说是皮球，有的孩子说是眼球，有的孩子说是镜子，有的孩子说是奥运五环的一环，居然还有的孩子说是花盆的底面……总而言之，孩子们的回答五花八门，无奇不有。后来，心理学家又去大学校园里，在黑板上画了一个圆圈。依然是同样的问题，大学生们的回答可就单调多了，大家异口同声地说："这是一个圆圈。"心理学家惊讶地发现，随着经验的丰富和学识的增长，孩子们的发散性思维受到了局限。

打个比方来说，发散思维就像一棵枝繁叶茂的树。随着树木的增长，人们不断地给它修枝剪叶，所以树形越来越整齐。在变得美观的同时，那些疯长的枝杈也消失了，孩子们的发散性思维也受到越来越多的禁锢。现代教育越来越注重培养孩子们的发散性思维，在成长的过程中，我们也应该注意培养自己的发散性思维。遇到事情的时候，包括在学习的过程中，有意识地从多种角度思考问题，尽量找到更多的办法解决问题。

小时候，司马光和小朋友们一起在院子里玩"捉迷藏"的游戏。眼看着其他的小伙伴都藏好了，有个小朋友一着急便爬进了院子里一口废弃的大水缸里。水缸里满满的都是水，孩子连连挣扎，还是被呛了好几口水。见此情形，小朋友们都急得哭了起来，有几个机灵的孩子哭喊着跑去找大人了。渐渐地，那个孩子沉到了水底。这时，司马光抱起一块大石头，用尽全力地朝着大缸砸去。一下、两下、三下……司马光终于把缸砸破了，缸里的水瞬间流了出来，缸里的孩子也得救了。

小司马光遇到事情的时候沉着冷静，既没有哭喊，也没有惊慌失措地跑去找大人，而是机智地抱起石头把缸砸破了。大多数人在遇到有人溺水的时候，第一时间都会想着如何把人从水里救出来。而司马光，想到了自己面对的是一口大缸，显然，把缸里的水放出来是一个更快速的办法，能够有效地挽救小伙伴的生命。

女孩们，我们也应该学习司马光的机智勇敢。面对很多问题的时候，虽然脑海中首先浮现出来的是固有的办法，但是我们更应该开阔自己的思路，让自己养成发散性思维的好习惯。人的头脑也是有惰性的，如果总是懒于思考，头脑就会越来越迟钝。只有勤于动脑的人，才会让自己的思维越来越灵活，更频繁地闪现灵光。

改变思维，才能改变认知

所谓定势，顾名思义就是固定不变的形式。所谓思维定势，指的是人们在进行心理活动的时候，始终遵循之前的思路，不能灵活和创新。思维定势往往采取的是已知的思维模式，或者是事先预想好的思维模式。一旦进入这种模式，事情的发展就会按照人们心里既定的方向发展，无法有所突破和创新。从这个角度来说，思维定势对于创新思维是一种禁锢和局限。思维定势有很多弊端，会导致效率低下。例如，人们习惯于用保鲜膜让食物保鲜。殊不知，如果做饭的时候不小心切破了手，在贴完创可贴之后，也可以用保鲜膜包裹起来，起到防水效果，不影响继续做饭。拥有思维定势的人往往因循守旧，不但缺乏创新能力，还会固执己见，在看人看事的时候不采纳别人的建议，而只顾着自己的想法。例如，手机刚刚问世的时候，有的人手机丢了，后来他就再也不买手机，说很容易丢，并且因此而错失了很多生意，这岂不是因噎废食吗？现代社会的发展日新月异，各种新生事物不断涌现，这也就要求我们跟上时代的脚步，不断地学习和创新，突破自身的限制，实现质的飞跃。

一旦进入思维定势，形象地说，我们就像是钻进了一个死胡同，并且没有掉头重新寻找出路，而是一头撞在胡同的墙壁上，直到撞得头破血流，还是在一个劲儿地撞。拥有思维定势的人往往很难改变，因为很多人意识不到自己有思维定势。表现在日常生活中，就是有些人非常倔强，听不进任何意见和建议。作为女孩子，应该具有水一样的特质，是无形的，也是最有形的，是最柔软的，也是最柔韧的。我们在学习和生活中一定要打破固有的思路，给自己更大的思考空间。要知道，错和对之间并没有很遥远的距离，很多时候仅仅一步之遥。我们如果在此路不通的情况下能够马上调转思路，重新展开思考，放弃固有思路，也许很快就能找到最佳的方案。

公元前223年的冬季，马其顿亚历山大大帝率领部队进驻亚细亚。当他来到亚细亚的弗尼吉亚城时，听说了一个古老的预言。原来，早在几百年前，弗尼吉亚的戈迪亚斯王就做了一件未卜先知的事情。他在自己的牛车上系了一个非常繁琐的绳结，并且昭告天下，说能够解开绳结者，就是亚细亚王。从那之后，每年都有无数的王子和武士涌到弗尼吉亚城，就为了亲眼看看戈迪亚斯的千年绳结。他们跃跃欲试，想要解开这个绳结，但是不管如何观察和探索，他们都无法找到绳头。亚历山大也很想看看这个神秘的千年绳结，他不相信这个绳结是解不开的。

亚历山大目不转睛地认真观察绳结，果不其然，他和之前来到这里的所有人一样，根本找不到绳头。亚历山大发自内心地佩服戈迪亚斯王，就这一个绳结，居然难倒了无数人。突然之间，他脑中灵光一闪："我为什么要解开绳结呢，我可以按照自己的办法去做呀！"想到这里，亚历山大毫不犹豫地拔出剑来，对准绳结，一剑将其劈成两半。就这样，这个神秘的千年绳结被解开了。

面对神秘的千年绳结，所有人包括亚历山大在内，都想从中找到绳头，这就是思维定势。数百年间，无数人都因为思维定势对绳结无计可施。幸好，亚历山大是个行动派，他虽然同样没有找到绳头，但是想到了更加直截了当的办法——用剑劈开绳结。亚历山大有勇有谋，面对问题敢于采取创新的办法来解决，所以，他才能成为亚细亚王。

女孩们，在生活中，你是不是也曾遇到过无头之结呢？千万不要一味地想着找出绳头，其实，解开绳结的办法有很多种。生活，就是一个接着一个的问题，面对这些问题的时候，我们一定要跳出思维定势的怪圈，尽力想出灵活巧妙的方式解决问题。

思路决定出路，方法决定结果

在生活中，面对突如其来的难题，人们面对的方法往往不同。有些人选择逃避、有些人选择推脱责任、有些人选择勇敢面对。毫无疑问，勇敢面对是最好的选择。然而，面对的方式也是各有不同的。有些人处理问题喜欢以硬碰硬，有些人处理问题喜欢委婉斡旋，有些人处理问题喜欢尝试不同的办法。毋庸置疑的是，处理问题的方法不同，结果也是完全不同。因此，我们必须慎重地决定采用何种办法处理问题，这样才能更好地解决问题。

女孩们都知道，对于学习，好的学习方法能起到事半功倍的效果；反之，如果学习不得法，则是事倍功半。例如，在背诵课文的时候，如果一味地去记忆和背诵，也许第二天就会忘记。换一种方法，如果在第一天背诵一个小时，晚上睡觉之前再背诵半个小时，次日清晨再背诵半个小时，那么效果会比坚持不懈地背诵一天的效果更好。这就是记忆的方法，掌握方法，可能前后加起来只背诵了两三个小时，效果就会比背诵一天更好。其实，很多事情是这样的道理，且有着异曲同工之妙。我们如果能把这个思路应用到生活的很多问题上，那么一定能够水到渠成，让人生更加顺遂。当一种方法无法达到既定目标的时候，不如改变思路。一味地钻牛角尖，只会耗费精力，让自己的思路进入死胡同，不能通达。

有个老人居住在一个高档小区里，他的楼下就是小区的景观带，那里有漂亮的园林。刚搬过来的时候，老人居住得很舒适。每天他都会坐在阳台上晒太阳，还可以足不出户就能观赏楼下的美景。这样的景色让他赏心悦目、心旷神怡。然而，随着小区的入住率越来越高，小区里的孩子也越来越多。每天清晨，老人还没起床，孩子们就会在楼下叽叽喳喳地嬉笑打闹，害得他睡不好觉。老人非常气愤，忍耐了几天之后，终于有一天早晨按捺不住，推开阳台上的窗户对着孩子们怒喊道："别吵啦，你们这些顽皮的孩子！你们这样吵得我睡不着觉。赶快散了吧！"孩子们天生就有逆反心理，老人训斥过他们之后，他们玩得更开心了。

可是，小区里的另一位老人被孩子吵得无法睡觉之后，并没有愤怒地训斥孩子，而是拿了很多糖果走到楼下，和颜悦色地对孩子们说："孩子们，有你们真好。我每天在家都很寂寞，是因为有你们在楼下玩耍，让我听到你们的欢声笑语，才排遣了我的寂寞。"老人说完，把糖果都分给了孩子们，每个孩子足足分到了八颗糖果。后来，老人每天给的糖果越来越少，直到最后，老人连一颗糖果也不给孩子们了。孩子们愤愤不平地想：哼，我们每天都来到楼下的花园里，为你排遣寂寞，你居然连糖果都不给我们了！那好，我们再也不来陪你了！就这样，老人再次拥有了宁静的小公园。

在这个事例中，两位老人处理问题的方法不同，导致了截然不同的两种结果。在第一种处理方法中，老人激起了孩子们的逆反心理，让孩子们越来越疯狂地玩乐。归根结底，公园是大家共享的社区资源，孩子们在公园里玩耍也是无可厚非的。在第二种处理方法中，老人先是给孩子们糖果，并且对孩子们的玩耍表示欢迎和欢喜。然而，随着糖果越来越少直至消失，孩子们觉得自己的付出没有得到相应的回报，为了惩罚老人的吝啬，他们自发地转移玩耍的地点，让老人重新陷入"寂寞"。这就是方法的魔力。

同样一件事情，因为处理的方法不同，老人得到的结果也截然不同。现实生活中，这样的事情非常多。例如，相邻的两家饭店，也许一家门可罗雀，另一家却顾客盈门。对此，细心的人会发现，这两家饭店采取的营销模式一定不同。女孩们，方法是我们心思巧妙、充满智慧的体现，也是圆融地处理好很多事情的必经之路。赶快开动脑筋吧，相信你也会把自己遇到的问题处理得当的！

第08章

与人为善，帮助别人就是帮助自己

生活中，每个人都无法独立地存在。我们常常会遇到各种各样的困难，每当这时，就需要向他人求助。得到帮助，我们会更加顺利地渡过难关；如果他人拒绝对我们施以援手，也许情况就无法迅速好转。同样的道理，当别人需要帮助的时候，我们也应该尽心尽力地帮助他们，因为帮助他们就是帮助自己。女孩们，唯有心存善念，才会受人欢迎。

懂得尊重别人，是最好的修养

每个人都有自尊心，每个人都想得到别人的尊重。不管是陌生人，还是朋友，我们要想赢得别人的尊重，首先应该尊重别人。尊重是相互的，绝对不是一厢情愿就能得到的。在人际交往中，尊重是最基本的礼貌，也是人际关系的润滑剂。对于一个尊重自己的人，人们很难怒声相向，因为不尊重别人的人，其实是对自己的贬低和亵渎。

尊重他人是一种美德，只有具备良好教养的人，才会一视同仁地对待所有人，并给予其尊重。尊重，不但是礼貌待人的表现，还是自我涵养的体现。一个彬彬有礼的人一定具有良好的文化教养、道德修养，同时，也一定是个品德高尚的人。尊重不但代表一个人的素质高低，还体现了一个民族和一个国家的整体教养水平。有的时候，吃点儿小亏没有关系，毕竟，人不是为了斗气而活着。宽容大度的人，得到的是别人的尊重和心情的愉悦。

在日常生活中，很多女孩容易犯一个错误，即对待陌生人或者是关系不够亲密的同学、朋友，往往表现出良好的修养，给予对方足够的尊重。但是，一旦面对自己最亲近的人，就会变得任性刁蛮，肆意妄为，从不给予自己最亲近的人以尊重。这样的做法是不理智的，也是不正确的。虽然爱我们的人会包容我们，但是感情却会因此留下裂痕，难以修复。聪明的女孩会非常尊重自己最亲近的人，因为他们会给予她足够的理解和包容，也同样欣赏和尊重她。尊重不仅体现在言谈之间，还表现在行动上。很多女孩觉得自己非常尊重别人，遇到长辈就问好，说话很有礼貌。但是，假如你在长辈说话的时候心不在焉，这也是一种不尊重。或者是在课堂上，老师在讲台上用心地讲授知识，学生们却在下面窃窃私语，这就是对老师极大的不尊重。抑或是妈妈辛辛苦苦做好的饭菜，你不是嫌弃咸了就是嫌弃淡了，甚至赌气不吃，这也是不尊重。在生活中，我们应该注重很多细节，做到真正地尊重他人。唯有如此，他人才会尊重我们。

案例一：

有一次，高高在上的英国维多利亚女王与丈夫发生了争执，气愤地摔门而去。当她想回到卧室时，不得不敲门。听到敲门声，丈夫问："你是谁？"女王傲慢地回答："维多利亚女王。"不想，丈夫既没有回应女王，也没有过来开门。无奈之下，女王只好再次敲门，丈夫又问："你是谁？"女王再次回答："维多利亚。"这次和上次一样，丈夫再无回应，也没有过来开门。女王不得不再次敲门，丈夫又问："你是谁？"女王沉思片刻，温柔地回答："我是你的爱人。"听到这个回答，丈夫才感到满意，走过来把门打开了。

案例二：

强生公司有个推销员，经常去一家药店推销产品。每次去这家药店，她都会和药店的销售员聊几句，然后才去找药店的负责人。有一次，她又去拜访这家药店，负责人却告诉她以后不会再卖强生公司的产品。推销员失去了一个老主顾，怅然若失地离开了药店。

她在街道上漫无目的地走了很久，突然决定回到药店，因为她要问清楚负责人为什么不再与强生公司合作。走进药店，她和往常一样微笑着和销售员打招呼，然后才去找负责人。出人意料的是，负责人见到她之后非常热情，和刚才拒绝他的冷淡，判若两人。最重要的是，这个负责人当即就订了比往常多两倍的产品。面对这突如其来的好事，推销员问："经理，我走的这一会儿，到底发生什么事情了？"负责人笑着说："你走之后，销售员走过来告诉我，在每天都会光顾的诸多推销员中，唯独你，每次进店都会非常友善地和他打招呼。他说，如果有人真正值得合作，那就应该是你。"就这样，这家店成为推销员最忠诚的客户，负责人、销售员和推销员成了很好的朋友。

在第一个事例中，即使是高高在上的维多利亚女王，也必须尊重她的丈夫，才能得到丈夫的尊重和爱。在第二个事例中，推销员的大订单并非天上掉馅饼的好事，而来自她一直以来对销售员的尊重。很多时候，我们从细节中就能够了解一个人的品质，正因为如此，负责人才会在销售员的建议下恢复与推销员的合作，并且还订购了比以往更多的产品。

女孩们，人与人之间的尊重是相互的，我们尊重别人，别人才会尊重我们。当你尊重别人的时候，也能够表现出你良好的素养和高贵的品质，好运自然会青睐你。

懂得爱，学会热心帮助他人

很多人觉得，帮助别人的同时我们一定会有所付出。他们混淆了付出和失去的关系，将这种付出视同为失去，觉得以自己的损失为代价去帮助别人是得不偿失的。其实，这种想法大错特错。在帮助别人的同时，我们也许付出了什么，但并不是失去，更不是损失。这是一种转换，你的能力、你的力量在帮助别人的时候化作另外一种形式存在。从某种意义上说，帮助别人就是帮助我们自己。世界上的芸芸众生，几乎每个人都需要别人的帮助。就像在地铁上让座一样，今天我们把座位让给了别人，等到我们需要的时候，陌生人也会把座位让给我们。让这样一种充满善念的正能量在社会上流转，社会会因此而变得更加积极明朗。爱默生曾经说过，"诚心诚意地帮助别人之后也帮助了自己，这是人生最美丽的一种补偿。"很多时候，我们的确付出了一定的代价去帮助别人，然而，我们非但没有失去，反而还得到了很大的满足。女孩们，人与人之间的相处，不要计较和算计太多。人生难得糊涂，不遗余力地帮助别人，你会收获很多美好。

很多人在人生的路上一直奋斗着，但因为太过算计，失去了很多机会。如果我们能够做到真诚地帮助别人，也许机会就会于不经意间悄然来到我们的身边。机会不但偏爱有准备的人，还偏爱乐于助人的人。常言道，赠人玫瑰，手有余香。

徐若是一家百货公司的理货员，每天都要站十几个小时，工作不但辛苦，而且很乏味。不过，徐若从未像其他同事一样整天怨声载道。她总是笑着说："没关系，谁没吃过苦呢！这份工作虽然薪水不高，但是可以每天见到不同的人，锻炼我与人交往的能力。"徐若总是这样积极乐观，从不抱怨。

一个电闪雷鸣的雨天，百货公司生意清淡，整整一个上午，都没有人光顾。徐若和同事们百无聊赖地站着闲聊，突然，走进来一个非常狼狈的老太太。老太太头发花白，看起来得有六十多岁了。看到老太太进来，同事们只是漠然地看了一眼，就自顾自地继续聊天。徐若看着老太太被淋湿的头发，赶紧搬了把椅子过去，让老太太坐下。她还说："奶奶，您的头发都湿透了，肯定会着凉的。我去给您找个吹风机，您先把头发吹干吧！"听到徐若的话，老太太笑着点了点头。徐若跑到小家电柜台，借来一台吹风机，亲自帮老太太吹头发。等到老太太的头发完全干透之后，徐若还给老太太冲了一杯红枣姜茶。老太太喝着茶水和徐若聊了起来。正在她们聊得高兴时，商场老板突然急急忙忙地走了进来。徐若正准备向老板问好，老板却嗔怪地冲着老太太说："妈，我不是说让你等着我去接吗，你怎么自己就跑来了！雨这么大，万一淋湿感冒了怎么办？"老太太笑眯眯地把徐若为她吹头发、冲红枣姜茶的事情都告诉了老板。看到徐若招待的老太太居然是老板的妈妈，其他同事不禁瞠目结舌、懊悔不已。

两个月之后，商场需要提拔一个销售主管，徐若毫无悬念地直接当选。徐若的爱心、善良和乐于助人不仅感动了他人，也让自己有了更大的发展空间。

女孩们，帮助别人就是帮助自己，机会不但青睐有准备的人，还青睐乐于助人的人。你们如果在生活中也和徐若一样积极乐观，从不抱怨，还常常竭尽所能地帮助他人，那么一定会得到善报。

互惠互利，才能相互成就

前文曾经说过，帮助别人就是帮助自己，这句话非常有道理。现代社会，讲究分工协作。人与人之间，仅靠单打独斗就想获得成功是不可能的，唯有团队作战，才能增强自己的实力，适应社会的需要。举个最简单的例子，一个同学也许很擅长英语，数学却不太好；另外一个同学也许很擅长数学，语文却不怎么出色；还有个同学文章写得一流，但是物理却很一般……假如这几个同学都自顾自地学习，当其他同学来向自己请教的时候而有所保留，不愿意帮助他人，那么，他们最终都有各自的擅长和短板。换言之，假如能够做到互相帮助，把自己擅长的科目传授给其他同学，彼此之间取长补短，那么他们就都会得到很大的提高，每个人的长处依然是长处，每个人的短板却得到增长，如此一来，每个人的综合能力就都得到了提高。

现代社会，没有任何人能够脱离别人的帮助而存活。不管是生活还是工作，抑或是学习，都必须发挥团队的力量，才能更好地发展。个人的力量是非常渺小的，尤其是在广袤无垠的宇宙面前，人简直连沧海一粟都算不上。那么，如何使自己有限的力量得到比较好的发挥呢？我们常常需要借助他人的协助。很多时候，我们帮助了别人，在未知的某个方面，或者在未来的某个时候，我们也会从他人那里得到慷慨的帮助。很多人在帮助他人的时候会斤斤计较，觉得帮助别人就一定会损失自己。且不说别人有朝一日是否会帮助我们，仅仅是我们在帮助他人的时候获得的经验、方法和帮助他人获得的精神上的愉悦、满足，就已经是莫大的回报。

马丽从小就很喜欢读书，因此，她不但语文学习得心应手，而且作文也写得很漂亮。对于语文学习，马丽似乎天生就有自己的一套方法，甚至连背诵那些长篇的课文，她都摸索出了诀窍。不过，马丽的数学成绩却不太好，尤其是对于几何，她缺乏空间思维的能力，总是把那些复杂的图案看得更加复杂，无论如何也理不出头绪来。

思来想去，马丽终于想出了一个好主意，她找到班里数学成绩最好的李琦，主动要教李琦学语文。原来，李琦的数学成绩虽然是班里最好的，但是语文却差得一塌糊涂。就这样，马丽与李琦一拍即合，自发组成了互助小组。每天放学，他们都会留在学校一个小时，李琦给马丽讲解数学习题，马丽教李琦写作文，传授给他背诵课文的技巧。经过三个月的互相帮助，到期末考试的时候，马丽和李琦的成绩都提高了一大截，他们也一跃成为年级的前十名。老师们对于他们的飞速进步表示非常惊讶，他们却在心里暗暗窃喜。这个互助方案成功之后，作为班长的马丽和作为学习委员的李琦便把这个方法推广到全班。在他们的组织下，又有很多同学组成了互助学习小组。很快，班级的整体成绩都得到了很大的提高，班级里的学习氛围也越来越好。

马丽和李琦不但互相帮助，还帮助了班级里的其他同学。这样的组织形式使得班里的学习氛围越来越好，使同学们的学习进入良性循环，同学们彼此互相激励、互相促进、互相帮助。

女孩们，在学习上遇到类似的问题时，你们也可以借鉴马丽和李琦的方法，为自己寻找一个老师，也为自己寻找一个学生。这样的交换是非常有益的，是能够彼此促进的。当然，在生活中，当遇到很多问题的时候，也可以采取这样的方法。总而言之，人与人之间只有互相帮助，才能共同进步。

己所不欲，勿施于人

古人云：己所不欲，勿施于人。这句话的意思是说，对于自己不想做的事情或者不想接受的东西，也不要强硬地要求别人去做，更不要强求别人接受。从心理学的角度来说，这是让人们应该有同理心，能够设身处地地为他人着想。这是一种人际交往的方法，也是人与人相处的道理。在现实生活中，虽然很多人对这八个字耳熟能详，但是真正能够做到并且做好的人却少之又少。很多父母总是不由分说地将自己年轻时没有实现的理想或者梦想强加到孩子身上，对孩子高标准、严要求，目的就是让孩子代替自己完成梦想、成就人生。殊不知，孩子虽然是父母爱情的结晶和生命的延续，但是也有自己的想法，有权利自主安排人生。真正开明的父母会尊重孩子的意愿，而不会强求孩子一定要按照自己的想法生活。最爱我们的父母尚且如此糊涂地要求孩子，更何况是其他人呢？

在与朋友、同学，甚至是陌生人交往的时候，我们总是在不知不觉中就对其提出非分要求，或者把自己想要完成的事情，也不由分说地要求他人完成，或者把很多自己喜欢的东西据为己有，而把自己不想要的分派给他人。这就犯了"己所不欲，强加于人"的错误。其实，人和人之间的交往是非常简单的，只要把握好几个基本的原则，就不会导致严重的冲突和矛盾。"己所不欲，勿施于人"就是原则之一。别说是我们不喜欢的东西，即便是我们喜欢的东西，如果对方不喜欢，我们也不应该强求。总之，人和人之间的相处应该彼此尊重。每个人对于万事万物的看法都是不一样的，我们可以决定自己的想法和看法，但对于不同的声音和意见，应该在尊重的基础上报以宽容的理解和接纳。正是因为有了这么多完全不同的个体，世界才会如此多姿多彩。

很久以前，有只狐狸抓住了一只鸡，美美地饱餐了一顿。狐狸吃饱喝足之后，把剩下的鸡肉细心地收藏起来，准备等到饿的时候再拿出来享用。藏好鸡肉之后，它觉得很困倦，就躺在温暖的洞穴里，准备好好地睡一觉。就在狐狸昏昏欲睡时，一只饥肠辘辘的狼垂头丧气地走过来，它饿得浑身无力，连腿都抬不起来了。

狼装出一副可怜的样子，对狐狸诉苦："啊，我亲爱的朋友哇，我今天实在是倒霉透了，到现在一口食物也没有吃，都饿得前胸贴后背了。你知道吗，牧人看得实在太紧了，猎狗也特别凶狠。我一点儿办法都没有，只能这么忍饥挨饿，我还不如死了呢！"说着，狼还假惺惺地掉了几滴眼泪。

狐狸眼珠子滴溜溜地转了几圈，问："你说的都是真的吗？"

"当然，我要是撒谎，天打五雷轰！"狼不假思索地回答道。

狐狸同情地说："啊，我可怜的朋友！不管什么时候，我都愿意不遗余力地帮助你。只要你愿意，我这里有一大堆草。你可以放开肚皮好好吃一顿，即使全吃光了，我也没有意见。"

狼听了狐狸的话，知道了狐狸的花花肠子，叹了口气，转身离开了。

故事中的狐狸非常狡猾，它明明知道狼是食肉动物，却说自己愿意把一大堆草送给狼吃，而对于自己刚刚藏好的鸡肉，闭口不提。尽管狐狸说得很好听，狼却知道狐狸的心思，因此只得叹一声，转身离开了。

对于狐狸这样的朋友，根本不值得珍惜，也没有必要继续交往下去。这样的朋友口是心非，虽然嘴上说得好听，却说一套，做一套。遇到困难的时候，无论如何艰难，都没有必要向这样的朋友求助。反过来，女孩们也应该深刻地反思，对待朋友千万不要像狡猾的狐狸那样，否则就会失去友谊，变得孤单寂寞。我们只有真心对待朋友、竭力帮助朋友，才能得到真诚的回报。

人心相通，你希望别人怎么待你

一个孩子因为和同学吵架，跑到山谷里，对着山谷喊道："我恨你！"山谷传来回音："我恨你，我恨你，我恨你……"孩子很惊慌，他赶紧回家向妈妈求助："妈妈，山谷里有个人不停地说他恨我，这可怎么办呢？"妈妈笑而不语，把孩子领到山谷里，让孩子对着山谷喊："我爱你！"山谷果然传来回音："我爱你，我爱你，我爱你……"孩子破涕为笑："妈妈，山谷说它爱我！"妈妈语重心长地说："孩子，你对它说什么，它就会对你说什么。生活也是如此，你笑着对待生活，生活也就回报你以微笑。你哭着对待生活，生活也就回报你以哭泣。你知道该怎么做了吗？"女孩们，看完这个故事，你们有何感想呢？生活的确很艰难，所以我们才会常常抱怨。在生活中，也的确有些人不那么友善。然而，无论如何，我们如果想从生活中得到微笑，想从别人那里得到友善，就应该好好地调整自己的心态，积极乐观地面对生活，满怀友善地对待他人，唯有如此，我们才能得到自己想要的。

不但生活是一面镜子，而且人心也是一面镜子。人际交往是这个世界上难度最大的课程，很多人终其一生无法毕业。实际上，要想处理好人际关系，有一个非常简单的法则，即你想让别人怎样待你，你就怎样待别人。力都是相互的，人与人之间也遵循这个法则。试想，当你整日对人横眉冷对的时候，别人能够回报你以微笑吗？反过来，如果你始终保持热情的微笑对待他人，常言道，伸手不打笑脸人，别人又怎么会冷淡地对你呢？由此可见，我们首先应该调整自己的心态。在人与人交往的过程中，因为各自的立场不同，很容易产生矛盾和争执。在这种情况下，我们应该站在对方的立场上，多多体谅和理解对方。当产生误解的时候，也不要得理不饶人，而应该推己及人，如此，才能让友谊之花常开。历史上赫赫有名的管鲍之交几乎成为友谊的典范。鲍叔牙不管什么时候，哪怕损害自己的利益，也要维护管仲的利益，这才是真正的朋友。

春秋时期，齐国的管仲和鲍叔牙是好朋友。管仲家境贫寒，还有老母亲需要赡养。得知此事后，家境殷实的鲍叔牙主动拿出大部分本钱，与管仲合伙做生意。然而，生意赚了钱，鲍叔牙只拿了很少的一部分，并把大部分盈利都给了管仲。对此，鲍叔牙的佣人说："这个管仲真是稳赚不赔，本钱没有，赚的钱就数他拿得多。"听到这话，鲍叔牙说："管仲家里困难，多分一些给他是应该的。"后来，管仲和鲍叔牙一起参军。每次冲锋陷阵，管仲总是躲在最后。大家都骂管仲贪生怕死，鲍叔牙却说："管仲家有老母，必须给老母养老送终。"对于鲍叔牙的理解，管仲说："生我者父母，知我者鲍叔牙。"

齐国渐渐衰败，齐襄公登基后非常昏庸，不理朝政，沉迷酒色。为了躲避内乱，鲍叔牙带着公子小白逃到莒国，管仲带着公子纠逃到鲁国。没过多久，齐襄公被杀。为了让公子纠即位，管仲设计杀害小白，一箭射偏。鲍叔牙和小白抢先回到齐国，小白即位，即齐桓公。为了报答鲍叔牙，齐桓公要封鲍叔牙为宰相。然而，鲍叔牙却向他推荐管仲。在鲍叔牙的劝说下，齐桓公不计前嫌，封管仲为宰相。自此，齐国国泰民安。

对待朋友，鲍叔牙毫无芥蒂。他不但做生意的时候多分钱给管仲，还在齐桓公要封他为宰相的时候，推荐管仲。正是因为鲍叔牙的理解和支持，管仲才会说"生我者父母，知我者鲍叔牙"。朋友之间，就应该这样真诚相待。

女孩们，在和其他人相处的时候应该以己度人，给予他人更多的理解和体谅。要知道，每个人都有自己的苦衷，我们如果能和对方坦诚相对，就一定能够获得真诚的回报。

学会分享，才会更快乐

分享，是一种美德。遗憾的是，很多人不善于分享。有人说过，分享快乐，快乐会变成双倍的；分享痛苦，痛苦会一分为二。很多人喜欢分享痛苦，每当遭受挫折的时候，他们的第一反应就是找人诉苦，减轻自己的痛苦。然而，当快乐到来的时候，他们更多的是独享快乐。

分享，不但能够让我们的胸怀变得宽广，还能够使我们拥有更多的好朋友。在幼儿园里，一个小朋友如果动不动就抢其他小朋友的玩具，却不愿意把自己的玩具和其他小朋友一起玩，那么，他一定不受欢迎。相反，假如小朋友互相团结友爱，有了好玩儿的玩具能够坐在一起玩，那么他们得到的快乐一定会成倍增长。即使把这个道理放到成人世界，也同样适用。分享，无论是在小朋友之间还是在成人之间，都一样是快乐的。

珠珠一直想要拥有一套芭比娃娃，不过，妈妈舍不得给她买。终于，在八岁生日那天，小姨从美国给她带回来一套芭比娃娃，珠珠高兴极了。她抱着芭比娃娃爱不释手，甚至连蛋糕都忘了吃。她实在是太喜欢这套芭比娃娃了。

有一次，珠珠的好朋友娜娜来做客。珠珠赶紧把自己的芭比娃娃展示给娜娜看，引得娜娜羡慕不已。但是，珠珠给娜娜规定：只许看，不许碰。娜娜眼馋地看着芭比娃娃，却连摸也不能摸，不由得伤心起来。看到娜娜郁郁寡欢的样子，妈妈问珠珠："珠珠，玩具不是应该分享的吗？"珠珠反驳道："其他玩具可以，唯独芭比娃娃不行。"妈妈疑惑地问："为什么呢？"珠珠说：

"因为这是小姨给我从美国带回来的,这个非常珍贵。"妈妈语重心长地说:"珠珠,玩具的价值就是给小朋友带来快乐。现在,娜娜都因为它们伤心了,你觉得芭比娃娃会高兴吗?我觉得如果你能和娜娜一起给它们换上漂亮的新裙子,它们一定会更高兴。"听了妈妈的话,珠珠想了一会儿,又看了看娜娜伤心的样子,于是决定和娜娜一起给芭比娃娃们换衣服。整个下午,她们玩得非常开心。珠珠高兴地对妈妈说:"妈妈,你说得对。和娜娜一起给芭比娃娃换衣服,比我自己抱着它们开心多了。"

如果不会分享,就会失去很多乐趣。分享不但使我们收获了友谊,还收获了快乐。女孩们,你们是不是也有自己心爱的东西舍不得拿出来和朋友们一起分享呢?赶快把它们展示出来吧,你会发现,和朋友一起分享它们,你的快乐会成倍增长。

不会分享的人注定是孤独的,一个人独享的快乐不是真正的快乐。分享使我们的生命更加充实,使我们拥有更多的朋友。

第09章

克服胆怯，追梦需要蜗牛般的坚持

人生的道路上有太多的未知等着我们，这些未知或者是成功，或者是失败，或者是幸福……面对这些未知，你是躲避退缩，还是勇往直前？不同的态度，决定了你即将拥有的不同人生。作为有理想、有梦想的新时代社会成员，我们可能需要面对更多艰难的挑战。唯有勇敢地面对，我们才能实现梦想。女孩们，勇敢起来吧，坚持梦想，你的人生才会更精彩！

学会拒绝，是爱自己的开始

生活中，有很多技能需要我们学习。随着渐渐长大，我们逐渐脱离父母的保护和精心照顾，开始独自面对身边的人，或者融入团体。那么，在与他人交往的过程中，有一项很重要的人际交往的技巧，我们必须掌握，这就是拒绝。也许有人会说，拒绝还不容易吗？说个"不"字，轻轻松松就做到了。其实，在人际交往中，要想与他人维持和谐融洽的关系，除了坚持真诚友善的原则外，还要掌握很多技巧，拒绝就是其中之一。在关系不够亲近的时候，拒绝可能是很容易做到的。然而，如果对方是你的同学、朋友或者家人，你还能义正词严地说出"不"吗？很多人在面对亲近的人不好意思拒绝，选择勉为其难地答应对方的请求，但是因为种种原因，他们其实没有能力实现自己的承诺。这样一来，非但好心办坏事，还有可能耽误对方的事情，导致自己最终落下埋怨。日久天长，彼此之间的关系非但没有越来越好，反而因为一些不如意的事情渐渐疏远。由此可见，学会拒绝很重要。

有的时候，我们自己的能力明明达不到，却因为羞于拒绝，而勉为其难地答应对方。最终，为了让对方满意，我们不仅付出了很多，还使自己受到伤害。这样的情况，在人际关系中并不是最佳的结果。

拒绝的方式有很多种。不可否认，生硬的拒绝的确会伤害人与人之间的感情。然而，高明的拒绝却能够有效地维护彼此之间的关系。拒绝的时候，沟通方式非常重要。良好的沟通能够给予对方一种受到尊重的感觉，即使被拒绝了，也能够坦然面对。当然，以恰当的方式拒绝，获取对方的谅解，让对方自尊心不受伤害，这些都很重要。最重要的是，女孩们，在面对别人的请求时，你如果的确力不从心，或者无法满足对方的请求，那么一定要鼓起勇气，勇敢地拒绝对方。还需要注意的是，拒绝的时候，一定不要觉得很愧疚，因为你的拒绝，无需得到对方的允许。换言之，对方请求得到你的帮助，主动权在你，而不是在他。如此想来，拒绝的时候，你就不会有沉重的心理负担了。

小敏和小麦是同窗好友。小敏学习很努力，每次做作业都非常认真。小麦则很贪玩，总是不想写作业。在进入期末复习阶段的时候，小敏常常提前把老师布置的作业写完，渐渐地，老师给了小敏一个特权，即只写自己认为需要复习的内容，会的可以不写。全班同学都非常羡慕小敏，恨不得自己也变成小敏，可以获得老师的"大赦"。

有一天，小敏正在读书，小麦带着作业来找她。小麦知道小敏可以不写作业，因此笑着央求小敏："好敏儿，你能不能帮我写点儿作业呢？老师布置的作业实在太多了，我手指头都快累断了，到现在还没写完。如果我写不完，明天你就没有同桌了，因为老师一定会罚我去办公室面壁的。"小敏看到小麦的样子，就知道她一定是偷偷地玩了，所以才没有写完作业。为了对小麦好，小敏委婉地说："小麦，我很想帮你，但是我不能帮你。"小麦大呼小叫："为什么呀，咱们可是好姐妹呀！你看看，你在这里悠闲地看着课外书，难道你忍心让我苦巴巴地写作业吗？"小敏想了想，说道："小麦，我问你，你愿意把一日三餐都让给我吃吗？是不是我代替你吃了一日三餐，你就不饿了呢？"听了小敏的话，聪明的小麦一下子明白了意思，于是老老实实地拿出作业本，坐在小敏身边开始写作业。

小敏非常聪明，她以一日三餐为例，告诉小麦学习和吃饭一样是不可替代的。小敏的拒绝方式非常好，让小麦心服口服，所以她才一声不吭地开始写作业。的确，一日三餐如果由别人代吃，自己还是会感到饥饿。作业让别人帮忙写，无非是自欺欺人，自己不会的知识还是无法掌握。

　　女孩们，小敏的拒绝方式是不是很好呢？在生活中，你们也一定会遇到无法给别人提供帮助或者满足别人请求的时候，对此，你们可以学习小敏的机智和勇敢，果断地拒绝他人。合理的、恰当的拒绝不是伤害，而是为了友谊之树万古长青。

女孩，请具备成为焦点的勇气

"妹妹你大胆地往前走，往前走，莫回呀头；通天的大路，九千九百，九千九百九呀……"这首歌是张艺谋执导的电影《红高粱》的插曲，曾一夜之间红遍大江南北。人在面临危险和恐惧的时候，退缩是一种本能。人的本性就有怯懦的成分，这一点是无可指责的。人类之所以不断地在进步，人类社会的发展之所以越来越快速，就是因为我们在不断地战胜本性的弱点，让自己变得更加强大。

女孩有时会非常胆小。树枝上的虫子，也许都会吓得她们哇哇叫。女孩的胆小并没有随着成长而减弱，相反，人生不断面临的很多新的困境和挑战，使她们的恐惧心理有增无减。面对这样的状况，应该怎么办呢？其实，胆大都是锻炼出来的。如果意识到自己的胆小可能会给未来的生活带来困扰，女孩们完全可以让自己变得胆大起来。例如，如果怕黑，就让自己待在黑暗的屋子里，渐渐习惯黑暗，一旦觉得黑暗不再那么可怕，你也就不会再恐惧走夜路了。如果怕坏人，可以学习防身术，再增强自我保护意识，这样一来，坏人也对你无可奈何。其实，随着渐渐长大，让女孩担心的事情越来越多。很多时候，并不是明确的害怕，而只是一种忧虑。

女孩的害怕会体现的恐惧，诸如上文说的怕虫子、怕黑等。还有一种隐性的畏缩，表现在遇到事情的时候犹豫不决，对于新的事物心怀抵触，或者是在创业和面对改变的时候，畏畏缩缩，不敢面对未来或好或坏的结果，这也是一种怕。例如，在学习上遇到困难的时候，是选择尽快弥补不足，还是选择自甘落后？又如，在生活中遇到难题的时候，是选择逃避，还是选择直面？再如，在工作中和同事相处不好的时候，是换工作，还是想办法和同事搞好关系呢？最重要的是，如果需要自主创业，是想好之后马上去做，还是杞人忧天、止步不前？对我们生活影响最大的不是明确的怕，而是心中的畏缩和抵触。很多时候，我们如果战胜了自己的内心，就能够无往不胜。有人曾经说过，人最大的敌人是自己。确实，我们的内心禁锢了我们的很多言行举动，让我们在生活和工作中止步不前。前文曾经说过，我们应该成为自由飞翔的鸟儿，战胜恐惧也是实现梦想的重要环节。

晓娜大学毕业之后，一时之间没有找到合适的工作，因此想回到家乡开淘宝网店。听了晓娜的想法，爸爸妈妈都表示反对。妈妈为难地说："晓娜呀，你看看，你读了四年大学，当初，咱们十里八乡的可就你一个大学生啊。现在，你在上海读完书，却不能留在上海，而要回到咱们这个小地方开网店。妈也不懂什么是网店，但是妈知道，亲戚邻居知道后一定会笑话你的。"晓娜耐心地和妈妈解释："妈妈，我不是找不到工作，只是觉得工作不合我的心意。我现在年轻，不想把时间都浪费在自己不喜欢的工作上。现在淘宝那么火，我觉得我趁着这个好机会开网店，一定能够有所作为。不一定在大城市当白领就好哇，每个人都有自己喜欢的生活方式。"爸爸也说："晓娜呀，爸妈辛辛苦苦地供你上学，就是希望你能够留在大城市呀。"晓娜说："爸爸，放心吧，等我的淘宝店越开越好，咱们没事就全世界溜达去，去大上海还不是分分钟的事情啊！"晓娜给父母做了很久的工作，她也知道乡邻们肯定会说三道四，但是她不怕，更不想因为流言蜚语改变自己的计划。

就这样，晓娜收拾行囊，带着大学毕业证书回到了家乡。果然，乡邻们看到她整日窝在家里，纷纷表示关心："晓娜怎么还不回上海呀？""晓娜找到工作没有？""晓娜整日待在家里可不好哇！"两个多月过去了，晓娜家里每天开始有了零星的快递。面对乡邻们的询问，爸爸妈妈只得想办法搪塞。半年过去了，晓娜又雇佣了两个人，在她的淘宝店当客服。渐渐地，乡邻们已经接受了大学生晓娜从上海回乡的事实。两年之后，晓娜开始办工厂，生产她在淘宝店卖的小玩意儿：婴儿三角巾、帽子、口水兜等。这些东西成本很低、生产工艺简单，但是利润非常高。晓娜在乡邻们惊讶的目光中，华丽变身为事业有成的女强人。

其实，事例中的晓娜当初从上海回到家乡的时候，也有很多担心的地方。和爸爸妈妈拒绝她的理由一样，她也很怕乡亲们的流言蜚语，但是她最终还是坚定地选择了面对，因为她不可能因为这些流言蜚语就放弃自己的人生规划。事实证明，晓娜大学毕业后回乡创业的想法是正确的。她的勇敢和执着，帮助她实现了自己的梦想。

女孩们，你们一定和晓娜一样，在生活中面临着各种各样的压力和不可知的未来。相信自己吧，你们如果和晓娜一样坚强勇敢，就一定能走出自己的人生之路！

女孩，梦想会点亮你的人生

梦想是什么？梦想，就是你对美好人生的渴望与憧憬；梦想，就是让你扬起希望风帆的勇气和志气；梦想，就是帮助你的人生走向成功的助燃剂和推动器；梦想，就是你心底里的小秘密，是为你的人生不断提供正能量的源泉。人生之所以绚丽多彩，就是因为梦想的力量。正因为有梦想，所以你才更加渴望美好的未来。如果说人生的内核是一次次艰难地逾越困难的鸿沟，那么梦想就是人生的糖衣，让我们在感受苦涩、接受挑战的同时，享受实现梦想的喜悦与甜蜜；如果说人生是一次航海，那么梦想就是那远方的灯塔，彻夜照亮着我们的前进之路；如果说人生是一次飞翔，那么梦想能够帮助我们变成展翅的雏鹰，摆脱低空的桎梏，自由地在蓝天白云间飞翔。梦想是一种伟大的力量，能够激发我们内心深处的潜能。

女孩们，要想成为自由飞翔的鸟儿，就赶快张开梦想的翅膀吧！当然，我们的梦想未必很远大。我们常常学习伟人，学习的是一种成功的精神。虽然我们未必能够成为居里夫人，也不太可能成为撒切尔夫人，但是可以活出最精彩的自己，攀登属于自己的人生高峰。成功并不是盲目地模仿别人，而是要根据实际情况，为自己争取一个美好的未来。每个女孩都应该有梦想，有梦想的女孩才有翅膀。不管梦想是脚踏实地的，还是志向高远的，你只要能够向着梦想不断努力，就能超越自己。梦想有着神奇的魔力，原本非常艰苦的生活，因为有了梦想的激励，你会努力拼搏，使之变得不再艰苦；原本荆棘丛生的生活，因为有了梦想的鞭策，你会披荆斩棘，克服一切困难；原本安逸的生活，因为有了梦想的鼓励，你会勇敢地打破常规，突破生活的桎梏，寻找属于自己的人生巅峰。总而言之，梦想让我们的人生飞翔。

在英国的一个小镇上，一个叫玛格丽特的小姑娘出生了。父亲对她的管教非常严格，总是告诉她："玛格丽特，不管做什么事情，你都要做到最优秀。你必须是一流的，不能落在别人后面。只要前排有座位，你就不能坐在后面，即使是搭乘公交车，也要这样。"在父亲的教导下，玛格丽特从小就有远大的梦想，遇到任何困难都不会说"太难了""我做不到"等。她已经养成了习惯，那就是永远要求自己向优秀努力。她非常自信，做任何事情都积极乐观，从不轻易放弃。不管是在学习中，还是在工作中，她都一往无前。她告诉自己："我永远都要坐在第一排"。"永远坐在第一排"，已经成了玛格丽特的梦想。正是因为这个梦想的鼓舞，她始终有着必胜的信念，一生之中从未认输、从未妥协。

读大学期间，玛格丽特以顽强的毅力，学完了学校规定五年之内学完的拉丁文课程。如此一来，她比其他同学遥遥领先。也正因为如此，她才有更多的时间锻炼体育，发挥音乐特长，四处演讲，还不遗余力地参加学校的其他活动。40年之后，玛格丽特凭借自己顽强的毅力和永不认输的精神，成为英国第一任女首相。

玛格丽特曾经也是一个普通女孩，但是"永远坐第一排"的观念，让她始终保持着积极奋进的人生态度，并且树立了远大的人生梦想。正是因为梦想的指引，她时刻都处于奋斗拼搏的状态，从不认输，从不向困难低头。在这个世界上，有很多人想坐到第一排，但能够坚持这个想法的人很少。他们总是轻易认输、轻易放弃，因此，他们没有机会像玛格丽特一样实现更为远大的人生梦想。

女孩们，你们一定也有自己的梦想，这些梦想或者平实，或者远大，但一定是你们心里最璀璨的光芒。面对梦想，我们一定要像玛格丽特一样坚持努力、不放弃。你要相信，成功就在拐弯处等着你。人生的辉煌是靠我们的努力坚持才换来的。也许我们很平凡，但是梦想会照亮我们前进的道路，也会照亮我们的一生。我们原本是茫茫人海里的一粒尘埃，是因为梦想，让我们变得卓越，变得伟大。成就美好人生，必须展开梦想的翅膀！女孩们，努力吧！

战胜困难，不断挑战自我

在这个世界上，没有任何人的人生是一帆风顺的，即便父母能够为我们提供优越的条件，却没有办法代替我们成长。有人说，人生是不断接受改变的过程，也有人说，人生是不断进步和开拓的过程，其实，人生更是一个战胜困难的过程。从呱呱坠地的婴儿开始，每个人都面对着困难。婴儿从母亲温暖的子宫里突然来到冷冰冰的世界，他们撕心裂肺地哭泣，却不得不接受这份寒冷的刺激。在成长的过程中，每个人都学着翻身、学着说话、学着走路、学着独立吃饭、学着离开父母的照顾、学着独自去外面的世界打拼……这些困难在曾经面对的时候，都觉得难以逾越。然而，大多数人都凭借着自身的努力战胜了这些需要突破自身的困难，使自己在成长的道路上有了质的飞跃。

如果说人生是一座高山，那么困难则是爬山过程中一个又一个山坳。我们只有翻过这些山坳，才能渐渐地接近山顶。古人云，无限风光在险峰。要想领略人生的风光，我们就必须勇敢地攀登人生的顶峰，不管遭受多少艰难险阻，都不能放弃。一个人从出生，到走入学校，再到步入社会，有很多需要学习的东西。要想不断突破自己，必须有着坚强的毅力和破釜沉舟的决心。有位名人曾经说过："人最大的敌人是自己；战胜别人也许很容易，战胜自己却很难。"这话说得一点儿没错。那些局限我们发展的并非外部的力量，而是我们的内心。心的桎梏使我们无法展开翅膀，无法自由地在蓝天之中翱翔。

相传，古时候凤凰必须经历烈火的焚烧，才能涅槃而获得重生。其实，我们战胜困难的过程也是一次次涅槃。细心的人会发现，一帆风顺的坦途很难帮助我们快速成长，只有不断在困难面前提升自己的能力、锻炼自己的毅力，我们才能快速成长和成熟。在困难面前退缩的人，永远也没有资格拥有成功的人生。我们只有永不放弃地面对困难、战胜困难，才有可能拥有属于自己的精彩人生。

桑兰是我国著名的体操运动员，曾被赞誉为"跳马王"。然而，意外总是不期而至。在美国参加一次赛前训练时，桑兰的体操生涯因为一个没有完成的手翻转体动作而结束了。那一年，桑兰17岁，正是如花朵一般的年纪。桑兰的伤势非常严重，导致她的胸部以下和双手全部失去知觉。为了治疗桑兰的伤，美国的医护人员尽心尽力，给她设计了最好的治疗方案，并且用了效果最佳的药品。当地热心的民众也很关心桑兰，他们自发前往医院探视她。祖国人民得知桑兰受伤，都热切关注、真诚祝福。

桑兰是一个非常勇敢的孩子。面对这样致命的打击，她从未自我放弃。当再次出现在公众视线中时，桑兰依旧是那个爱笑的女孩。伤情稳定后，桑兰回到了祖国的怀抱，她的笑容却留在了世界人民的心里。康复治疗的痛苦简直难以忍受，坚强的桑兰挺过来了。她原本是个飞翔的精灵，如今却不得不依靠轮椅，行动受到极大限制。受伤之前，她的目标是为祖国赢得金牌；受伤之后，她的目标是恢复自理能力。她依然像在赛场上一样优秀，渐渐地，她可以独自穿衣服、洗漱，还能够独自从轮椅挪到床上。她恢复了青春的活力，开始学习英语，还学会了操作电脑。一段时间之后，她凭借自己的努力，进入清华大学附中学习文化知识。她的勇敢和坚强，帮助她战胜了人生中难以逾越的天堑鸿沟。桑兰，复活了。

她虽然身体残疾，却坚定不移地扛起人道主义的旗帜。中国第五届残疾人运动会召开时，她在上海点燃火炬。她变成了一面旗帜，一面自强不息、心怀大爱的旗帜。很多曾经误入迷途的年轻人在她的召唤下醒来，重新展开人生的画卷。而对于19岁的桑兰来说，她已经从跌倒的地方勇敢地站了起来，把生命的坎坷踩在了脚下。永远到底有多远？永远就是活着的时候，脸上挂着永不凋谢的微笑之花。桑兰，为所有人诠释了生命的力量。

难以想象，一个花季少女，原本是飞翔的精灵，命运却和她开了一个最残酷的玩笑，眨眼之间，她就变成终身不能摆脱轮椅的残疾人。这样的打击，是生命不能承受之重，而桑兰却微笑着面对，从未抱怨，从未放弃与命运的抗争。这样的女子，有资格获得全世界的尊重和敬慕。

和桑兰相比，多数姑娘都是幸运的。所以，从现在开始，在遇到困难的时候，不要抱怨，不要哭泣。向桑兰一样微笑吧，乐观的人具有无限的力量，能扼住命运的咽喉，为自己争取更为广阔的天地。

只有努力付出，才会有收获的希望

　　不管是年轻的女孩，还是成熟的女性，都应该保持独立坚强的个性。如果一味地依赖他人，只会导致自己失去生活的主动权，凡事都陷入被动之中。与此相反，独立坚强的女性则能够最大限度地保证自己的权益，成为命运的主宰。现实生活中，每个女孩都会遇到困难，有时在学习上产生困扰，有时在友情上遇到困惑，有时感情上会产生纠结……不管怎样，只有坚强的女性才能学会如何应对困难，只有战胜重重困难的强者，才能更好地面对一切艰难险阻，最终攀登人生的高峰。有人曾说，对于人生而言，最宝贵的不是拥有多少财富，而是拥有多少经验和阅历。没有经验和阅历，人生会很苍白。因此，女孩们，勇敢起来，迎接人生的挑战吧。有朝一日，回首再看，你会发现一切都是最美好的锻炼。人生，正是因为有了这些挫折，才有了新的高度，才变得更加丰富。

　　女孩们，只有经济和精神上的独立，才能决定人格的独立，才能获得尊严。要想成为生活的强者，我们就必须对自己高标准、严要求。归根结底，命运是公平的，你付出多少努力，命运就会给予你多少回报。

大胆女孩，请活出自己的精彩

自古以来，勇敢往往都和男性联系在一起。虽然花木兰代父从军的故事广为流传，但是人们依然觉得勇敢是男性的专利，女性只需要成为温柔娇弱的代言人即可。随着社会的发展，女性的社会地位越来越高。如今的"花木兰"要想代父从军，已经无须女扮男装，因为社会开始认可男女平等。在现代职场上，女性不仅和男性承担着相同的工作任务，还要兼顾家庭。所以，不够勇敢的女孩已经无法承担自己的角色。

有很多女孩子习惯于自己娇滴滴的形象，不管什么时候，总是爱展现自己的娇柔之美。殊不知，现代人更偏爱勇者。对于勇敢，很多女孩存在误解。她们误以为如果勇敢、处处逞能，就会失去女性的柔美，就会不够温柔，其实，这样的理解是错误的。勇敢和诸如温柔等很多女性的特质并不冲突，一个勇敢的女孩，也未必不够可爱。很多时候，当女孩变得独立自主、勇敢坚强，也许会更加可爱。影视剧里那些故事中的女主角往往都是独立坚强的女性，她们虽然柔弱，但非常勇敢。当女性小小的身躯里爆发出巨大的能量时，往往能够赢得更多的尊重和敬佩。年轻的时候，勇敢的女孩是可爱；成长成熟之后，勇敢的女性让人油然而生敬佩之心。如此想来，你还对勇敢心存顾虑吗？爆发你的小宇宙吧，即使你非常勇敢，也不妨碍你成为一个温柔典雅的美女哦！

勇敢体现在生活的方方面面。例如，在遇到可怕的灾难时挺身而出帮助别人，在遇到坏人时毫不怯懦，在需要作出选择时一旦想清楚就马上身体力行，而不是畏畏缩缩，这些都是勇敢的表现。小的时候，柔嫩的小手不小心被刀割破了，忍住泪水，是勇敢；长大后，面对生活的艰辛和工作的障碍，勇敢地迈过去，是勇敢；创业的时候，对于可能发生的最坏情况，在充分预估之后有坦然面对的魄力，也是勇敢。总而言之，人的一生之中，需要我们勇敢面对的事情太多太多。唯有勇敢的女性，才能有胆识、有魄力，掀开人生的新篇章。

2008年的汶川大地震中，有一个勇敢的女孩感动了所有的人。当女孩被救援人员从废墟中挖出来时，她的腿部受了重伤，左腿的裤子都被鲜血染红了。然而，她没有掉一滴眼泪。救援人员抬着她送往救助站，由于她的伤势太严重，每一次轻微的挪动都是巨大的痛楚。救援人员揪着心，尽量小心翼翼，但是她却笑着安慰大家："要勇敢！"因为伤员太多，到达救助站之后，她只能暂时被安排躺在地上。但是，她依然没有哭。

她是一个平凡的乡村少女，一个不知名的志愿者为她拍了一张微笑的照片，正因为如此，她的坚强和勇敢才能够温暖整个灾区，也让心系灾区的全国人民感受到了坚强和希望。在这次大劫难中，无数人失去生命，每个人都沉浸在悲痛之中，很多人都陷入绝望的深渊。而这个女孩，用她温暖的笑容，给身边的人带来了生的勇气和力量。事后，救援人员四处张贴海报，寻找这个美丽坚强的女孩，却始终没有找到。然而，她含着微笑的坚定目光，永远定格在人们心里。大家相信，不管在哪里生活，她都一定会像一朵坚强的雪莲花，傲雪而立，永不屈服。

人生是一次艰难的旅程，不期而至的灾难总会把我们的生活弄得一团糟。即便没有灾难的侵扰，不管是10岁、20岁，还是30岁、40岁，你总会遇到很多困难。如果能像故事中的主人公一样保持积极乐观的心态，时刻告诉自己要勇敢，那么你一定能够战胜所有的困难，活出属于自己的精彩。

现代社会，需要女性勇敢面对的事情很多。在现实生活中，有很多女性朋友为了照顾家庭辞掉工作，一心一意地相夫教子。其实，很多成功的女性是在家庭和工作之间取得平衡，才能事业有成、家庭幸福和睦。一边工作一边照顾家庭，的确需要非凡的勇气。作为现代女性，如果有这样的勇气，一定能够活出自己的精彩。女孩们，你们如果也想成为刚柔并济、勇敢与温柔兼备的现代女性，那就赶快让自己变得勇敢起来吧！

第 10 章

积极心态，喜欢笑的女孩运气不会差

每个女孩都像一朵娇艳的花朵，惹人喜爱。如果女孩们能够绽开美丽的笑颜，就会给人生增添几分光彩。其实，在人的一生之中，总会遇到各种各样的困难，唯独积极乐观地面对，才能战胜困难，赢得人生。

活出格局，别做爱计较的女孩

在这个世界上，快乐的人太少，忧郁的人太多。快乐的人大多相似，他们觉得阳光明媚，春风煦暖，也觉得拥有那么多的友谊和真情，所以总是乐呵呵的。忧郁的理由呢，那可就多了。人们之所以郁郁寡欢，原因形形色色。例如，天气预报说是晴天，偏偏下起了雨；和朋友约好十点见面，朋友却姗姗来迟，十点半才赶到；考试居然没有超过同桌，比他还低了一分；妈妈说好要带我去一个餐厅吃饭，却没有兑现承诺……不快乐的理由千千万，归根结底，都是因为太过计较。人们常说，生活之不如意十有八九，这句话准确揭露了生活的本质。生活永远不会一帆风顺，也永远不会按照我们设想的那样发展，它似乎总是和我们拧着劲，让我们在享受生活的同时，也不断地遭受痛苦。这就是生活的真相。既然如此，我们是时时刻刻和生活计较，还是提醒自己忘却烦恼，让自己多一些快乐呢？我们应该学会宽容地对待生活，既然活着，我们只能选择接受和融入生活，而非与之背道而驰。

在生活中，不管是对事还是对人，不计较都是一种至高无上的境界。面对别人的伤害，我们能够以德报怨；面对别人的指责，我们能够坦然一笑；面对别人的错误，我们能够站在对方的立场上给予理解和体谅……这就是不计较的态度。面对利益得失能够淡然一笑，知道利益得失并非生命之中最重要的；面对付出和给予能够心甘情愿，知道手心朝下比手心朝上更快乐……这也是不计较的态度。不计较，让人和人之间的关系更加和谐融洽。在我们不和他人计较的同时，他人也会给予我们一颗宽容善良的心，给我们更深厚的情谊。常言道:"忍一时风平浪静,退一步海阔天空。"人生不是你死我活的拼搏,而是彼此宽容的共赢。在我们宽容别人的同时,也就给了自己一片更加辽阔高远的天空。

案例一:

　　清朝康熙年间,张英官位很高,既是文华殿大学士,也是礼部尚书。张英的家乡在桐城,虽然他人在京城当官,但是家里不管有什么事情,都会书信通知他。因为张英在朝为官,所以张英家在桐城首屈一指。张英在朝里的同事叶侍郎,家乡也在桐城,而且与张英家是邻居。因为修建院墙,张英家和叶侍郎家产生了纠纷。张老夫人当即写信给张英,诉说了叶侍郎家霸占他家地盘的行为。张英看到母亲来信非常担心,当即提笔回信:"千里家书只为墙,让他三尺又何妨?万里长城今犹在,不见当年秦始皇。"收到回信后,张老夫人马上明白了张英的心思,马上命令仆人们后退三尺,修筑院墙。叶家看到张家如此宽容大度,也下令仆人后退三尺,修筑院墙。如此一来,张家和叶家尽释前嫌,成了好邻居。乡人们也因此得益,因为张家和叶家之间有了一道六尺宽的巷子,方便了乡人们行走。

案例二:

　　有一天,李斯特在散步的时候路过剧院,发现剧院门前摆放着大幅海报,说李斯特的学生将在剧院演出。李斯特很疑惑,因为他压根不知道此事。为了看看到底是谁假装是他的学生,李斯特走进剧院,找到了要开音乐会的小姑娘。看到李斯特站在自己面前,小姑娘吓得不停地哭泣,并恳求李斯特原谅她。李斯特让小姑娘演奏一曲给他听,他非但没有责怪小姑娘,反而耐心地给小姑娘指出演奏中的不足之处。最后,他毫不介意地说:"放心地演奏吧,现在你已经真正成为我的学生了。你还可以告诉剧院经理,我将会和你一起同台演奏最后一曲。"最终,李斯特真的和小姑娘一起演奏了最后一首曲目。

在上述两个事例中，张英和李斯特无疑都是不计较的人。张英的后退三尺，换来了叶家的后退三尺。张家和叶家不但成了真正的好邻居，还给乡人造福，让乡人们多了一条六尺巷。李斯特并没有揪住假装是他学生的小姑娘批评一通，反而真正收小姑娘为自己的学生，为她指点演奏上的不足之处。最后，为了给小姑娘捧场，李斯特还主动要求和她同台演出最后一曲。不计较的人在宽容他人的同时，自己也收获了快乐。

女孩们，在生活中，我们难免会与别人产生摩擦和矛盾，或者还会遇到很多不公平的待遇。在这种情况下，千万不要愤愤不平，更不要为此郁郁寡欢，否则，你损失的是自己内心的平和与快乐。与其斤斤计较，给自己找不痛快，不如退一步海阔天空，还自己一个快乐豁达的人生。

第10章
积极心态，喜欢笑的女孩运气不会差

吹毛求疵的女孩不招人喜欢

人和人之间的交流主要依靠语言。相比于纯粹的文字，语言有声调、腔调，甚至还会加上肢体动作，在特别的情境中可以发挥巨大的力量。生活中，不管是普通的事情，还是人们彼此之间的误解，都需要语言去沟通和化解。所以，我们应该学会好好运用语言，消除误解和误会，让自己更多地受益于语言。

很多时候，同一件事情有不同的表达方式。我们从小就开始学习语言，就是为了更好地运用语言。也许有人会说，我从小说话就很尖刻，这是我的习惯，不是故意要伤害谁。但是孩子，你忽略了一件事情，那些尖酸刻薄的话在听的人心里留下了难以磨灭的伤痕，最终会使你们原本美好的友谊或者感情灰飞烟灭。真正的强者，从来不会逞口舌之强。因为逞口舌之快非但不能解决问题，反而会使事情变得更加糟糕。一个内心宽容平和的人，不会言语尖酸刻薄。如此想来，也难怪人们会对那些尖酸刻薄的人敬而远之。

女孩们，试想一下，当别人对你冷嘲热讽，抓住你的短处嘲笑你的时候，你会是什么样的心情。古人云，己所不欲，勿施于人。我们自己不愿意听到的话，也不要说给别人听。尖酸刻薄的话绝对不像我们所想象的那样，很快就会烟消云散。相反，每一句尖酸刻薄的话，都像是在木板上钉上钉子，再拔下来的时候，必然会给木板留下无法愈合的伤痕。次数多了，这块木板就会变得千疮百孔、惨不忍睹。

龚华是个很尖酸刻薄的女孩子，人很聪明，思维敏捷，也很能干，但是

办公室里的大多数同事都很讨厌她。究其原因，她太尖酸刻薄了。

龚华说话很强势，不管什么事情总是喜欢压着别人的话说。上次，办公室里有个同事说婆婆给她带了很多好吃的酱菜，问大家要不要分享一些，龚华马上说："吃酱菜不好哦，容易致癌。吃菜必须吃新鲜的才好，千万不要吃酱菜。"听了这话，那个同事马上瞪了龚华一眼，再也不吱声了。

后来，还有位同事家里的孩子腿部骨折了，同事很发愁，在办公室里问大家有没有什么偏方，能够帮助孩子的腿尽快愈合，促进骨头生长。大家都热心地出主意，让那位同事给孩子多熬大骨头汤，再吃些奶酪等奶制品。这时，龚华不知所以，走过来直接说："我姑姑家的孩子是个瘸子，就是因为小时候腿摔了，没长好。腿摔了可是不容易长好的，孩子这下子可麻烦大了。"那位同事当即和龚华翻脸，其他同事也纷纷指责龚华："你这个人真是的，不会说话就别说呀，非得说些别人不愿意听的话，找不痛快。张姐孩子腿摔了，本来就很担心，你还尽说丧气话。"龚华不知道自己哪里说错了，她觉得自己说的都是实话，但是，同事们都越来越讨厌她。

一句话也许会有一百种说法，其中最不受欢迎的就是尖酸刻薄的说法。在日常生活中，我们在表达的时候一定要多多注意。虽然说良药苦口利于病，忠言逆耳利于行，但是如果能够皆大欢喜地表达自己的想法和看法，岂不是更好吗？扬长避短，才是真正聪明人的做法。

第 10 章
积极心态，喜欢笑的女孩运气不会差

做一个面带微笑的女孩

科学研究发现，人的面部诸多肌肉能够表现出非常微妙的多种表情。面对生活的酸甜苦辣，人们总是展示出不同的表情。人们都喜欢微笑的表情。微笑不同于大笑，生活可以每天都保持微笑的状态，彰显人内心的平和与友善。相比之下，大笑的频率则不会那么高。大笑，是一种剧烈的情绪波动，时常大笑对人的身体也许会造成伤害。只有微笑，才能提醒我们每天都那么美好，让我们敞开怀抱拥抱新的一天。

在生活中，我们可能随时会遇到不如意的事情，会产生各种各样的烦恼。这些生活中的不和谐音符广泛存在于我们的生命之中，就像阳光中的尘埃一样无处不在。微笑能让我们的生活保持更加洁净纯粹的状态。很多细心的人会发现，当我们特别苦恼的时候，越是愁眉苦脸，就越觉得烦恼。相反，如果我们能够对着镜子微笑，心情也会随着微笑的延续渐渐变得好起来。人是具有强烈心理暗示的高等生物，这种心理暗示不但对别人起作用，还对自己有效果。曾经有段时间，有个女孩不会笑，表情特别严肃而又拘谨。从事一段时间销售工作之后，为了改善自己的僵硬表情，她写了很多"请微笑""生活真美好""我很幸福"等字条，贴在家里的各个地方。每天，刷牙的时候对着镜子，她会看到"生活真美好"；吃饭的时候，对着餐桌，她会发现"我很幸福"；苦恼的时候，躺在床上，她看到天花板上的"请微笑"……每时每刻，女孩都得到提醒，应该微笑着面对生活。渐渐地，生活中的苦恼和忧郁被赶走了，女孩变得阳光而又快乐。她几乎每分每秒都感受到生活赐予她的美好，渐

169

渐地,她的性格也变得乐观开朗起来。这就是暗示的力量,也是微笑的魔力。女孩们,你们如果觉得生活中也有很多不如意,那么赶快调整自己的心态吧。微笑着面对生活,生活才会回报你以阳光。

小南就读于当地的一所音乐学院。原本,她毕业之后是进入文工团工作,或者是成为一名音乐教师。然而,因为一场疾病改变了她的人生。前段时间,小南患了严重的感冒,她原以为多喝水、好好休息就能战胜疾病。不想,因为持续发烧,她的声带受到损伤,声音变得非常嘶哑。从此之后,小南失去了美如天籁的歌喉。

因为与喜爱的音乐之路失之交臂,小南决定大学毕业后去北京闯荡。听说在北影门口每天都有很多人等着当群众演员,小南还是想从事演艺的道路,因为她喜欢。就这样,小南带着简单的行囊,只身一人来到了北京。她租住在阴暗潮湿的地下室,每天都去北影门口等待机会。如此过了一个多月,小南终于被一个导演选中当群众演员。也许是命运想要弥补小南失去歌喉的痛苦,在拍戏的过程中,女主角三号因为摔伤,临时退出了表演。一时之间,导演很难找到合适的演员。突然有一天,导演看到了笑靥如花的小南。他觉得小南灿烂的微笑和女主角三号悲惨的命运正好是一个很好的搭配。在得知小南的经历之后,导演更加觉得这个坚强不屈的女孩是女主角三号的最佳人选。就这样,小南意外地得到了一个很好的机会。她非常努力,严格要求自己,表演尽善尽美。

因为这部戏的成功,小南很快就被推荐到另外一部剧作里出演女二号。看到命运眷顾自己,小南更加努力了,她的笑容更加灿烂,连导演都说:"每天看到小南的微笑,即使是阴天,也感觉遍布阳光。"

这就是微笑的魔力。在不那么顺心如意的人生之中,微笑甚至能够给我们带来好运。面对生活的挫折和艰难的处境,哭泣和绝望并不能改变现状。就像一位名人所说的，哭着也是一天，笑着也是一天。既然如此，我们为何不笑着度过生命的每一天呢！生命原本就是非常短暂的，值得我们用心地度过。

女孩们，微笑着面对生活吧。微笑虽然只是一个简单的表情，但是富有无穷的力量。它能够帮助你扬起希望的风帆，勇敢地面对生活的苦难和挫折，也能够帮助你得到真挚的友谊，还能帮你赢得成功的人生。微笑，就像是春日里的一抹暖阳，也像是夏日里的徐徐凉风，是秋天里的累累硕果，也是冬日里的漫天飞雪，能净化人们的心灵。微笑的你，才是最美丽的你！

宽容，让女孩告别"小心眼儿"

吃饭的时候，我们的牙齿常常不小心咬到唇舌，唇舌因此而受到伤害，甚至流出血来。怎么办呢？唇舌能气愤地把牙齿赶出口腔吗？不能。在社会生活中，每个人之间的关系，哪怕只是陌生人之间也是这样的。所以，既然牙齿都难免碰到舌头，人与人之间也应该多一些包容和理解。人们常说，人心是比海洋更宽阔，比天空更高远的。实际上，人心也是比针尖更小的。人心的大和小，完全取决于我们的心态。如果我们心胸开阔，一切难事都不会成为困扰我们的问题，一切人和人之间的纠纷也都将不复存在，我们自身也会得到更多的快乐。反之，假如总是小肚鸡肠，不管什么事情都斤斤计较，那么我们在生活中一定会和别人产生不可调和的矛盾，我们的生活也会变得一团糟。

现代社会，除了要有能力外，良好的人际关系也是我们走向成功必不可少的推动因素。一个人即使能力再强，也不可能凭借单打独斗就获得成功。现代社会是讲究合作与共生的社会，每个人都无法脱离群体，更不能搞英雄主义。这就要求我们必须学会营造和谐融洽的人际关系，如此才能把事业做得风生水起，把人生创建得更加美好。要想拥有良好的人际关系，必须学会宽容。前文说过，牙齿都难免会咬到与它相依为命的唇舌，更何况是独立个体之间的相处呢？每个人的生活背景、教育程度和性格习惯都是完全不同的，在相处的时候，肯定会产生摩擦和矛盾。在这种情况下，我们只有宽容和理解他人，才能更好地与他人相处。古话说，以德报怨，就是教导我们应该宽容，面对别人的伤害，不要时刻想着为自己报仇，而是能够理解和体谅他人，想到他人的苦衷，不与他人斤斤计较。人和人之间产生纷争是正常的，每个人在思考问题的时候都会首先站在自己的立场上。因此，我们要理解人性的弱点。

宽容不但能够帮助我们获得良好的人际关系，还能让我们心境平和、心情愉悦。有人曾说，宽容别人，就是宽容自己。这话完全正确。试想，你对一个人说的错话、做的错事念念不忘，每每想起来就愤愤不平、怨天尤人，如此一来，你哪里还有好心情过自己的日子呢？还有人说，生气是用别人的错误惩罚自己。这句话揭示了一个真相，聪明的人从来不会用别人的错误惩罚自己，他们只会就事论事。女孩们，你们就像是美丽的鲜花，千万不要让"小心眼儿"破坏美好的生活，宽容大度的女孩，更容易赢得命运的青睐。

王静和李晶是初中同学。她们俩是非常好的闺蜜，不但是同学，还是同桌，每天都一起上学放学，形影不离，同学们常常说她们好得恨不得穿一条裤子。然而，一次偶然的事件，让王静和李晶形同陌路。原来，王静背叛了李晶的信任。

李晶是个单亲家庭的孩子，父母在她很小的时候就离婚了，她一直跟着爷爷奶奶一起生活，父亲偶尔回家看看她，母亲则早就失去了消息。为此，李晶非常自卑，也常常伤心。一次，王静看到李晶坐在教室的角落里默默掉泪，不由得关切地问："李晶，你怎么了？"看着王静真诚的眼神，李晶开始哭泣，把自己的身世告诉了王静。最后，她叮嘱王静："王静，我是把你当最好的朋友才告诉你这件事情的，你千万不要告诉别人，我不想让其他同学知道，不想让大家都可怜我。"王静答应了李晶的请求，保证不会把李晶的小秘密告诉别人。

晚上回家的时候，王静和妈妈说起了这件事情。王静心想：我和妈妈说这件事总是没关系的，妈妈不认识学校里的同学们，不会走漏风声的。其实，王静告诉妈妈这件事情是有原因的，她想让妈妈给李晶也做一件花裙子，李晶太可怜了。然而，出人意料的是，几天之后，同学们都在对李晶的身世窃窃私语。李晶偶然之间听到同学们的议论后，当即哭着质问王静："王静，我把你当朋友，你为什么这样对我？"王静丈二和尚摸不着头脑，她也不知道是怎么回事儿。放学回家见到妈妈之后，王静才知道，原来是妈妈那天下班路上遇到了班主任老师，闲谈的时候说起了李晶的身世，妈妈还让老师多多照顾李晶呢！

王静赶紧向李晶解释，把事情的原委告诉了李晶。李晶却不肯原谅王静，为此，王静哭了好几次。李晶越想越觉得王静背叛了自己，她跑去找班主任，让班主任把她和王静调开座位。班主任语重心长地对李晶说："李晶，其实这件事情同学们早晚都会知道的。如果你的父母总是不来开家长会，老师也会问你的。王静完全是好心，她之所以把你的身世告诉妈妈，是想请妈妈给你做一件美丽的连衣裙。有这样的朋友，其实是你的福气呀！班级里的同学也都非常善良，听说你的身世之后，大家从未嘲笑过你，更没有可怜过你。相反，好几个同学都在我面前说，老师，李晶真的很棒！她一边学习，一边还要照顾爷爷奶奶，以后，我们都要向她学习。李晶，对于王静你应该宽容，她是你真正的好朋友。"

听了老师的话之后，李晶想了很多，于是决定原谅王静。其实，她知道自己应该感谢王静。两个好朋友在同学们的掌声中重归于好，从此之后，李晶也拥有了更多的朋友。

如果不原谅王静，李晶自己也肯定很难过。正是因为原谅了好心办错事的王静，李晶才博得了更多同学的友谊。女孩们，世界上的事情没有绝对的对错之分，我们在评判一个人或者一件事的时候，应该首先了解对方的初衷。就像事例中的王静，初衷是为了李晶好。退一万步说，即使其他人真的做了错事，也是人性使然，我们应该更加宽容大度，多多体谅他人。在原谅别人、包容别人的同时，我们自己也会获得更多快乐！

落落大方，不做羞涩女孩

生活中，很多女孩见过含羞草。含羞草有着绿色狭长的叶子，枝形清雅，最可爱的是，只要用手指轻轻一碰，它马上就会害羞地收拢叶片，就像是一个害羞的小姑娘，惹人怜爱。很多女孩也和含羞草一样，总是非常娇羞。有些女孩在家里来客人的时候，甚至不好意思和客人打招呼，而是赶紧低着头躲进房间里。这样的女孩，大多数都比较内向。当然，也有些女孩是因为很少见到生人，缺乏锻炼，所以才会这样。现代社会，女孩已经不再是大家闺秀，而是和男孩一样去学校读书学习，长大之后同样要步入社会参加工作，和男性平等地参与竞争。在家庭生活中，女性也承担着更重的任务，往往比男性更加辛苦和劳累。因此，具有古典美的娇羞女性已经不适合现代社会的需要。女孩们，你们应该从小就培养自己落落大方的气质。

女孩们，每个人都有自己的优点和缺点，都有自己的长处和短处。面对社会，我们必须坦然地展现自己的实力，要相信自己是最棒的，这样才能做到无所畏惧。不管我们在别人心目中是不是最棒的，我们都是最棒的自己。为了锻炼自己，女孩可以有意识地参加公共场合的活动，在校的女孩可以多多举手回答问题，或者参加学校的活动……总之，锻炼的机会有很多，形式也多种多样。只要有心，优秀的女孩们一定能够让自己变得落落大方，告别羞涩。

亚楠从小就是个害羞的女孩，她从来不敢大声说话，甚至不敢和爸爸交流。原来，亚楠的爸爸重男轻女，因为亚楠是女孩子，他很不满意，总是对亚楠大呼小叫。后来，亚楠有了小弟弟，妈妈也把更多的心思用于照顾弟弟，渐渐忽略了亚楠，亚楠从此更加自卑了。上学的时候，亚楠从来不敢举手回答问题，也从来也不敢看老师的眼睛。幸好，亚楠非常勤奋，每天放学回家，都一个人躲在房间里写作业。就这样，羞涩的亚楠考上了大学，离开了家。

大学生涯对亚楠简直是一个考验。读大学之后，不管什么事情，亚楠都必须独自面对。她必须和老师、同学们沟通，还要和舍友们相处。即便如此，亚楠依然很羞涩。大学毕业后，她进入一家公司工作。这家公司不管什么职位，都讲求效率，老板也很重视员工之间的合作。在对新进职员的欢迎会上，老板让亚楠向大家介绍自己，亚楠羞涩得满面通红，只说了一句："大家好，我叫杜亚楠。"就再也说不下去。老板看出亚楠很害羞，故意把她安排在接待部门。每当有客户来公司参观或者考察，亚楠都要以主人公的身份负责招待工作。渐渐地，亚楠越来越大方了，毕竟，她不能显得比客人还害羞呀！锻炼了一段时间之后，老板又把亚楠调到了销售部门。亚楠心思缜密，常常能够站在客户的立场上考虑问题，所以工作上表现很出色。不过，对于有些胡搅蛮缠的客户，亚楠还是应付不了。有一次，老板对亚楠说："亚楠，我当老板十几年了，我能看出来，你一定是个干销售的好苗子。所以，我故意把你安排到接待办公室，负责接待客人，现在又把你调来销售部。其实，你现在已经比刚刚来公司的时候大方了很多，不过，我还是希望你能更加放松，成为一个干练的销售员。"听了老板的话，亚楠心里很感动。越来越干练和大方了。

并非每一个从事销售工作的人都有着三寸不烂之舌，就像亚楠，她其实很羞涩，不知道如何面对那些陌生人。幸好，她遇到了一个好老板，针对她的情况给了她很多锻炼的机会。亚楠原本是个害羞的人，如今已经历练得落落大方。女孩们，你们也想像亚楠一样落落大方吗？那就从小锻炼自己吧！

第 10 章
积极心态，喜欢笑的女孩运气不会差

女孩，请远离嫉妒的深渊

嫉妒是一剂毒药，深深地毒害我们的心灵，让我们的人生从此变得阴郁。也许有人会说，嫉妒不就是眼红吗，真的有那么大的危害吗？千万不要小瞧嫉妒对我们人生的负面影响，很多时候，嫉妒不但会让我们做出失去理智的举动，甚至还会毁了我们的一生。人有时喜欢和别人比较，羡慕别人住大房子开好车，羡慕别人在学习上比我们优秀，在工作上成就比我们大。随着内心的羡慕越来越强烈，这种羡慕可能会变了味道，变成越来越严重的嫉妒，蒙蔽我们的眼睛，毒害我们的心灵，让我们做出荒唐甚至是犯罪的举动。其实，我们只需要活出自己的精彩，无须处处和别人比较。要知道，别人在考出好成绩、工作上有优秀表现之前已经付出了很多。即使很多富二代的锦衣玉食，也是由父辈的辛苦付出和奋斗得来的。当你在父母的陪伴下尽情玩乐的时候，他却因为父母忙于奋斗而不得不一个人孤单地度过童年。由此可见，命运归根结底是公平的，你在这里得到了很多，也许在其他方面就会有所欠缺；别人在你看得到的方面出类拔萃，恰恰是因为他在你不知道的情况下一直在付出或者缺失。如果你羡慕别人，就要努力提升自己的能力，把别人作为自己的榜样和目标，让自己加油往前奔跑，凭借实力超越别人，这才是真正的强者和智者应该作的选择。

嫉妒心强的人往往都是小心眼儿，他们心思狭隘，目光短浅，恨不得占尽世界上所有的好事，一旦看到别人在某个方面比他突出，就马上妒火中烧。殊不知，嫉妒是一个毒瘤，在毒害他人的同时，也严重侵蚀了你的生命。嫉妒的人都不快乐，因为别人的任何进步、收获，都会剥夺他的快乐。可以说，嫉妒心强的人没有自己的人生，他的人生快乐与否完全操纵在别人的手里。嫉妒是一种病态的心理，女孩们，如果发现自己总是莫名其妙地因为别人的进步而妒火中烧，那就赶快警醒自己吧！你需要的是努力，而不是嫉妒。嫉妒发展到一定程度会使人胆大妄为，甚至失去理智，做出丧心病狂的事情。自古以来，因为嫉妒锒铛入狱的人不在少数。如此损人不利己的事情，为什么要做呢？人生短暂，对于每个人来说，最宝贵的是人生的快乐和自由。人生非常辽阔，张开翅膀吧，不要让嫉妒禁锢我们原本自由的人生。

清朝，白泰官的武艺非常高强，声名远扬，博得了人们的赞誉。渐渐地，他变得自高自大，不把任何人放在眼里，不允许任何人质疑他的武艺。他外出多年与人比武，切磋武艺。终于有一年，他决定回家乡看看妻儿。快到家的时候，他看到路边有一个孩子正在练习武艺，这个孩子只有七八岁的模样，但是举手投足之间很有气势，看得出有一定的武术功底。

白泰官目不转睛地看着，突然有些担心起来：这个孩子小小年纪武功就这么高强，以后肯定会打败我的。想到这里，白泰官心里不由得嫉妒起来，他无法想象未来若干年后自己被孩子打败的情形。因此，他故意挑衅孩子，让孩子与自己打斗。在打斗的过程中，他狠心把孩子杀死了。临死之前，孩子昂起头，瞪着白泰官，用尽全力说："我父亲是白泰官，他一定会杀了你的！"白泰官呆呆地站在那里，魂飞魄散。原来，他杀死的是自己的亲生儿子。

白泰官的嫉妒心理实在太强了，对于一个在武功方面有点儿天赋的孩子，他都痛下狠手。不过，命运惩罚了他。如果不是他因为嫉妒杀死孩子，他就有了一个武功造诣会超过他的儿子，那该是多么欢喜的结局呀。从白泰官身上，我们不难明白一个道理：在我们因为嫉妒伤害别人的时候，自己可能会受到更大的伤害。

第 10 章
积极心态，喜欢笑的女孩运气不会差

女孩们，在人群之中，一定有人鹤立鸡群，有人平凡低调。不管属于哪一类人，我们都应该摆正心态，正确对待别人超越我们的地方。小肚鸡肠、嫉妒心强的女孩只会与快乐的生活失之交臂，唯有宽容大度的女孩，才能拥有快乐幸福的人生。

拒绝攀比,别做爱慕虚荣的女孩

　　生活中,有很多人喜欢攀比。入学之前,孩童们互相攀比玩具;入学之后,孩子们互相攀比谁考得分数高;工作后,成人们攀比谁的职位更高、薪水更多,谁家的房子更大、车子更好;老了,就比谁更长寿……人的一生都在比较。女孩们可能会比谁的娃娃更漂亮,少女们比谁的衣服更华丽,女人们比谁的老公更优秀,主妇们比谁家孩子考试分数更高……这一切都是虚荣心在作怪。实际上,不管是否和别人比较,我们的生活都不会发生太大的改变。比来比去,胜者伤害了别人的自尊心,败者伤害了自己的自尊心。被虚荣心捆绑的人们,没有自己的生活。他们所努力为生活争取的一切,无非都是为了拿来和别人比较,听到别人或者羡慕或者嫉妒的议论。究其本质,那些被虚荣心捆绑的人都是非常自卑的。真正自信的人,不会那么在乎别人怎么看待自己,别人如何评价自己。自卑的人,总是希望通过和别人的比较寻找一种优越感,让自己获得心理上暂时的满足。

　　虚荣心会使我们的内心越来越空虚,变得更加自卑。虚荣心并不能帮助我们获得自尊,反而会使我们越来越依靠外在的条件满足自己的内心。古人云:"壁立千仞,无欲则刚。"这句话是清朝末年戒烟英雄林则徐写的对联,意思是说,高山如此挺拔,正是因为没有钩心斗角的欲望。在世俗的社会,很多人知道这句话,但是真正能做到的寥寥无几。归根结底,大多数人不能完全做到为自己而活。虚荣心强的人特别累,他们甚至有的时候觉得自己无法再负担别人哪怕只是一句话的评论。究其原因,他们过于在乎他人的眼光和评价了。我们如果不在乎别人怎么说，就不会因为别人的看法而改变自己的生活。我们要想做命运的主宰，就必须戒掉虚荣心，做最真的自己。

小丽最近很苦恼，原因居然是她办公室里的两个女同事都买了车。

小丽很爱面子，她在一家公司担任助理工作。她所在的办公室还有另外两名女同事，她们三个人的关系看起来还不错，总是嘻嘻哈哈地聊天。前段时间，小张带着一个璀璨夺目的钻石项链去上班，说项链是收到的生日礼物。小丽看到小王啧啧赞叹小张的项链，心里觉得很不舒服。没过几天，小丽也买了一条项链，但同事们不知道，这条项链是小丽和老公一年的积蓄。原本小丽已经有了一条金项链，但是当她说想买一条和办公室的同事一样的钻石项链时，老公什么都没说，默默地同意了。如今，看着小张和小王接二连三地都买了车，而她却要一个人孤独地挤公交，心里难受极了。她也想买车，但是家里的积蓄没有那么多。

小丽和老公商量着借钱买车，老公不解地问："为什么买车呢？车子真的那么重要吗？咱们家离你单位很近呐，坐公交车也就几站地。再过几年，咱们儿子就读初中了，可能会有更多花费呢！咱们别买车了，攒点儿钱吧！"小丽固执地说："我们办公室里的两个同事都买车了，就我挤公交。你不知道，她们背后肯定笑话我。"老公还是不同意，小丽唉声叹气地不再理老公。

后来，小丽背着老公把家里给孩子交了十年的保险退了，买了一辆十万块钱的车。看到小丽居然为了面子把孩子的保险都低价退掉了，老公气愤不已，提出了离婚的请求。老公愤愤不平地说："小丽，咱们俩都是工薪阶层，你却总是和你的同事比，你比得起吗？孩子的保险眼看着就要到期了，是给孩子准备的读大学的教育基金，你就这样把它换成了一辆车，你真的需要车吗？这日子没法过了。如果过几天你的同事搬进别墅，你是不是要逼着我去抢银行？咱们离婚吧，你得找个千万富翁才能满足你的虚荣心。"说完，老公带着孩子回爷爷奶奶家去住了，原本温馨的家里就只剩下小丽一个人。

原本幸福的婚姻因为小丽的虚荣心，再加上她任意妄为，如今面临支离破碎的局面。其实，小丽买钻石项链就是虚荣心作怪，但是善良包容的老公什么都没说。直到她为了面子去买车而把孩子的教育基金退掉，老公才忍不住发作起来。小丽的确做得太过分了。每个人都有自己的人生，我们不能始终把别人作为自己人生的标杆，亦步亦趋地跟着别人的脚步生活。

虚荣心其实是一种扭曲的自尊心。因为爱慕虚荣，人们往往被蒙蔽双眼，看不到生活的本质，单纯地为了面子而活。这样的人就像失去灵魂的躯壳，已经失去了自己生活的意义。女孩们，我们应该多多充实自己的心灵、提升自己的能力。当我们有了足够的自信，就不会在乎别人如何评价我们，因为我们相信自己的生活是最棒的。只有摒弃虚荣心，才能获得真正的快乐！

参考文献

［1］峣帝.10~18岁青春叛逆期，父母送给女孩的枕边书［M］.北京：中国纺织出版社，2016.

［2］杨毅宏.送给女孩的最好礼物［M］.上海：学林出版社，2013.

［3］周顺艳.送给女孩的美丽箴言［M］.长春：吉林文史出版社，2014.

［4］殷健灵.致未来的你——给女孩的十五封信［M］.青岛：青岛出版社，2013.